NEUE RUSSISCHE BIBLIOTHEK

ОКНО В РОССИЮ

Cornelsen

VOLK UND WISSEN

Окно в Россию – Ein Blick nach Russland
Lesetexte zur russischen Landeskunde
Verfasst und sprachlich kommentiert von Adelhaid Kerbst

Autorin und Verlag danken Frau Dr. Rima Breitsprecher, Greifswald, für die sprachliche Beratung.

Redaktion: Gabriella Wenzel

Umschlaggestaltung: Gerhard Medoch
Reihengestaltung: Klaus Herrmann
Technische Umsetzung: Karoline Grunske

Cornelsen online http://www.cornelsen.de

www.vwv.de http://www.vwv.de

1. Auflage Druck 5 4 3 2 Jahr 07 06 05 04

Alle Drucke dieser Auflage sind inhaltlich unverändert und können im Unterricht nebeneinander verwendet werden.

Druck: Merkur-Druck, Detmold

ISBN 3-06-500828-9

Bestellnummer 500828

Gedruckt auf säurefreiem Papier,
umweltschonend hergestellt aus chlorfrei gebleichten Faserstoffen.

Содержание

Дорогой читатель!

Вы держите в руках книгу о России. Что вы уже знаете об этой стране? Россия большая страна. Она занимает большую часть восточной Европы и всю северную Азию.

В этой книге мы хотим рассказать вам немного об истории России: когда появились первые жители на этой огромной территории, и как они жили. Вы узнаете, какие отношения были у них с соседями, и как они создавали своё первое государство.

Может быть, вы ещё не знали, что сегодня в этой стране живёт очень много разных народов. Мы расскажем вам, как Россия стала многонациональным государством.

Один из самых интересных регионов России – это Сибирь. Многие думают, что там только очень холодно, но там тоже есть очень много удивительного: прекрасная природа, огромные богатства природных ископаемых, интересные люди. Но вы, наверно, уже слышали о том, что Сибирь всегда была местом ссылки и каторги. Мы расскажем вам также о том, как сегодня живут в России:

- как оленеводы живут на севере в тундре;
- как строители без «живых» денег строят огромную гидроэлектростанцию, и с какими трудностями они сталкиваются;
- как государство охраняет природу;
- как тяжело жить в России в годы перехода к рыночной экономике;
- как дети проводят летние каникулы.

В конце книги мы прилагаем хронологическую таблицу основных событий истории России, некоторые карты, а также обзор стран-членов Содружества Независимых Государств.

Автор

Русский – восточный славянин

славяни́н Slawe

Великая Русская равнина

Восто́чно-Европе́йская равни́на занимает большую часть Восточной Евро́пы. На севере она омыва́ется водами Бе́лого и Ба́ренцева мо́ря, на юге – Чёрного, Азо́вского и Каспи́йского море́й. На юго-западе она ограничена Карпа́тами, на юге – Кавка́зом, на востоке – Ура́лом.

омыва́ться umspült werden

Природа здесь очень разнообра́зна. На севере находится ту́ндра. Зима здесь долгая (8–9 месяцев) и холодная. А лето короткое и не очень тёплое. В тундре много боло́т. Южнее зона тундры переходит в зону лесов. Зона лесов – самая большая приро́дная зо́на Росси́и. Здесь климат континентальный. Зима в этом районе холодная. А летом здесь очень тепло.

разнообра́зен vielgestaltig, vielseitig

боло́то Sumpf

приро́дная зо́на Vegetationszone

Ещё дальше к югу – степи с плодоро́дным чернозёмом. На берегах Каспийского моря – жаркие полупусты́ни. По Черномо́рскому побере́жью – горные леса и вечнозелёная расти́тельность субтропиков.

плодоро́дный чернозём fruchtbarer Schwarzerdeboden

полупусты́ня Halbwüste

вечнозелёная расти́тельность immergrüne Vegetation

Восточно-Европейская равнина.

В центре Восточно-Европейской равнины берут своё начало многоводные реки. Это, например, великая река Волга, а также Днепр, Дон, Западная Двина, Северная Двина и многие другие.

Восточно-Европейскую равнину часто называют и Великой Русской равниной, потому что на бо́льшей территории этой равнины уже многие века́ живут русские. Но с этой территорией связана жизнь не только русских, но и жизнь украи́нцев и белору́сов. В VIII веке все эти народы говорили ещё на одном языке – на восточнославянском.

век Jahrhundert

Восточнославянские племена́ поселились уже до на́шей э́ры в лесах этой равнины. В борьбе с суровой природой они приспосо́бились к ней, создали свою культуру и сформировали свой специфический характер.

пле́мя, *Pl.* племена́ Stamm
до на́шей э́ры vor unserer Zeitrechnung
приспосо́биться *v.* sich anpassen

~ 225 слов

Как жили предки русских – восточные славяне?

пре́док Vorfahr

Уже до на́шей э́ры предки русских – восточнославянские племена́ – жили в лесах Восто́чно-Европе́йской равни́ны. Они жили в селе́ниях по берегам рек и озёр в земля́нках или в маленьких домах из де́рева.

до на́шей э́ры vor unserer Zeitrechnung
пле́мя, *Pl.* племена́ Stamm
селе́ние Ansiedlung
земля́нка Erdhütte
де́рево Holz

В этих домах пол был земляно́й. Небольшие окна почти не пропуска́ли свет. Большая печь занимала целый угол. Дым из печи выходил прямо в дом. Такую избу называли чёрной. Вдоль стен стояли ла́вки. Старые и больные люди спали на печи, а другие спали на лавках. На полках стояла глиняная и деревянная посуда.

земляно́й пол Fußboden aus Erde
пропуска́ть durchlassen
печь Ofen
дым Rauch
ла́вка *hier:* Bank

Кухня в старинном крестьянском доме.

Одеждой для мужчин и для женщин служила длинная льняна́я руба́ха. Летом она защищала людей от жары, зимой на неё надевали мехову́ю одежду. Мужчины носили широкие штаны́, а на рубахе цветной по́яс. Женщины и девушки носили кафтаны и украшали голову серебряными кольцами, шнурками и лентами.

льняна́я руба́ха Leinenhemd
мехово́й Pelz- (*in Zus.*)
штаны́ *Pl.* Hosen
по́яс Gürtel

Вокруг деревни были густы́е леса́, где охо́тились на зверей и собирали мёд диких пчёл. В реках и озёрах лови́ли ры́бу. Из дерева строили не только дома, но и делали посуду и ору́дия труда́.

густо́й лес dichter Wald
охо́титься jagen
лови́ть ры́бу fischen, angeln
ору́дие труда́ Werkzeug

Главным занятием восточных славян было земледе́лие. Они руби́ли лес, сжигали его, потом обраба́тывали землю. На полях сеяли рожь, про́со, пшени́цу и ячме́нь. Всё это называлось «жито» – от глагола «жить». Из овощей первой стали употреблять репу. Огурцы́, капу́ста и другие овощи появились позже.

земледе́лие Ackerbau
руби́ть лес den Wald roden
обраба́тывать bearbeiten
про́со Hirse
пшени́ца Weizen
ячме́нь Gerste
огуре́ц Gurke
капу́ста Kohl

Когда поля перестава́ли давать урожай, их забрасывали и расчища́ли от леса новые уча́стки. Так восточные славяне постепенно осво́или широкие пространства Восточно-Европейской равнины.

перестава́ть aufhören
расчища́ть *hier:* roden
уча́сток Abschnitt
осво́ить *v.* erschließen, sich aneignen

~ 225 слов

Праздники и обычаи

Урожай во многом зависел от природы. Поэтому восточные славяне обожествля́ли солнце, огонь, воду и гром. Они были язы́чниками. Славяне думали, что везде живут добрые или злые ду́хи. Против злых духов они произносили заклина́ния. Символы добрых духов были на одежде, на посуде и в жилище. Богов солнца и грома славяне изобража́ли в виде деревянных или каменных идолов. Идолы – это были столбы́, которые оканчивались изображением человеческой головы. Идолам славяне приносили подарки – мясо животных, мех, мёд, зерно.

обожествля́ть vergöttern
гром Donner
язы́чник Heide
ду́хи *hier:* Geister
заклина́ние Beschwörung
изобража́ть darstellen
столб Pfahl

Славяне с нетерпением ждали весны, тепла и солнца. В конце зимы они весело встречали весну праздником: пели песни, танцевали и

Масленица – сжигают соломенную куклу.

сжига́ли на костре соло́менную ку́клу – символ зимы. Из жи́дкого те́ста пекли блины. Круглый блин, который напоминает солнце, – главный атрибут Ма́сленицы. Масленица – самый весёлый весенний праздник восточнославянского календаря.

Другой весенний праздник отмечали в начале мая, когда появлялись зелёные всхо́ды посе́вов.

Праздник в начале июля был посвящён богу солнца Яри́ле. Другой летний праздник славяне посвящали дождю. Все танцевали, пели песни, разжигали костры́ и обливали друг друга водой.

Перед сбором урожая славяне обращались к Перу́ну – богу грома и войны. В день его праздника не пели и не танцевали. Ему приносили крова́вую же́ртву – быка́.

Многие старославянские праздники и обычаи сохранились до сегодняшнего дня.

сжига́ть verbrennen
соло́менная ку́кла Strohpuppe
жи́дкое те́сто flüssiger Teig

Ма́сленица Butterwoche, Fastnacht

всхо́ды Keime
посе́в Saat
посвящён geweiht
бог Gott

костёр, *Pl.* костры́ Lagerfeuer

крова́вая же́ртва blutiges Opfer
бык Stier

~ 195 слов

Российская империя

Россия – многонациональное государство

многонациона́льный multinational
госуда́рство Staat

Росси́йская Федера́ция – многонациональное государство. Около 80 % всех жителей России – русские. Кро́ме русских, сегодня в России живут ещё люди 130 национальностей. Почему это так?

Уже в XI ве́ке жили в первом старославянском государстве, в Ки́евской Руси́, не только славяне. Например, на северо-востоке Киевской Руси около Но́вгорода жили фи́нно-уго́рские племена и народы. На северо-западе жили балти́йские народы, на юге – тюркоязы́чные наро́ды-коче́вники, а на юго-западе жили другие славянские народы: восточные славяне (это, кроме русских, белору́сы и укра́инцы) и западные славяне (поля́ки, че́хи и слова́ки). Эти народы и сегодня являются соседями русских.

кро́ме außer
век Jahrhundert
Ки́евская Русь Kiewer Russland
фи́нно-уго́рский finno-ugrisch
балти́йский Ostsee-, baltisch
туркоязы́чный turksprachig
наро́ды-коче́вники Nomadenvölker

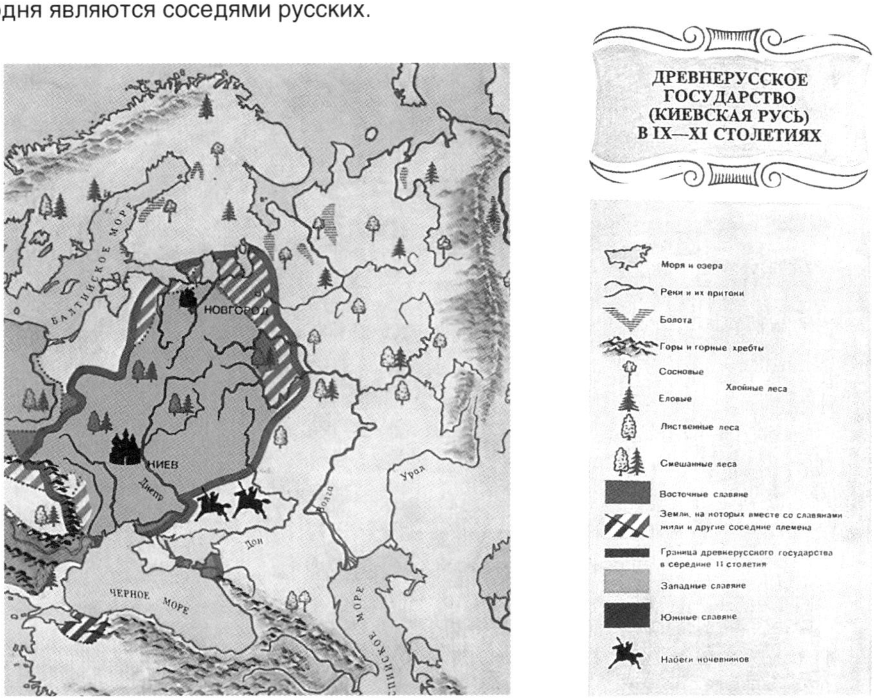

В XIII веке Моско́вское кня́жество стало центром разви́тия в России. Тогда оно было ещё очень маленьким. Оно находилось на территории монго́ло-тата́рского государства Золота́я Орда́. В годы монго́ло-тата́рского и́га московские князья́ имели право собирать дань для татарского хана. Посмотрите на карту*, которая показывает, какую огромную территорию в то время контролировали татары! Столица этого государства была приблизи́тельно там, где река Во́лга впадает в Каспи́йское мо́ре. В это время московские князья расширя́ли всеми возможными способами своё княжество. К 1480 году оно стало таким сильным, что смогло завоева́ть свою независимость от татарских ханов.

Первый царь Московского централизованного государства Ива́н IV присоедини́л к своему государству земли от Во́лги до Иртыша́. Он получил таким образом новые важные торговые пути на юг и на восток. Там с да́вних времён жили тюркоязычные (чува́ши, башки́ры, тата́ры), финно-угорские (ко́ми, мордва́, удму́рты, ха́нты, ма́нси) и монгольские (калмы́ки) народы.

К концу XVII века под вла́стью Московского царя оказа́лись большие и маленькие народы Севера и Сибири. Они должны были платить нало́ги, сначала меха́ со́боля, а позже деньги.

разви́тие Entwicklung
Золота́я Орда́ *Goldene Horde*, mongol. Großreich, beherrschte bis zum frühen 15. Jhd. Russland
монго́ло-тата́рское и́го mongolisches Joch (13.–15. Jhd.)
князь Fürst
дань Abgaben
* Karte s. innere Umschlagseite vorne
приблизи́тельно ungefähr
расширя́ть erweitern, ausdehnen
завоева́ть *v.* erkämpfen
Ива́н IV *Iwan der Schreckliche* (1530 – 1584), russ. Zar
присоедини́ть *v.* angliedern
с да́вних времён von alters her, von jeher
под вла́стью unter der Herrschaft
оказа́ться *v.* sich befinden
нало́г Steuer
мех со́боля Zobelfell

~ 260 слов

Расширение территории царской империи

расшире́ние Erweiterung, Ausdehnung

В начале XVIII ве́ка продолжается расширение территории России на запад.

Царь Пётр I хотел завоева́ть выход России в Балти́йское мо́ре. Поэтому он начал в 1700 году войну с Шве́цией. Сначала он потерпе́л пораже́ние. Но в дальнейшем ходе Се́верной войны́ он разбил в 1709 году в би́тве под Полта́вой армию шве́дского короля Ка́рла XII и присоедини́л к России прибалтийские земли.

Екатери́на II продолжала эту политику. Посмотрите на карту на стр. 11, которая показывает, какие земли завоевала Россия при Екатерине II в

век Jahrhundert
Пётр I *Peter I.* (1672 – 1725), erster russ. Imperator
завоева́ть *v.* erobern, erkämpfen
потерпе́ть (*v.*) пораже́ние eine Niederlage erleiden
би́тва Schlacht
Карл XII *Karl XII.* (1682–1718), schwedischer König seit 1697
присоедини́ть *v.* angliedern, anschließen
Екатери́на II *Katharina II.* (1729–1796), russ. Imperatorin

Россия в XVIII веке

конце XVIII века: большие части По́льши, Литву́, Белору́ссию, За́падную Украи́ну и территорию Кры́мского ха́нства – последнего монголо-татарского государства. Именно здесь, на северном побережье Чёрного моря, поселились позже немецкие крестьяне, которых Екатерина II пригласила в Россию для освое́ния цели́нных земе́ль.

Кры́мское ха́нство (1443–1783), Feudalstaat, der sich aus der *Goldenen Horde* bildete

освое́ние цели́нных земе́ль Erschließung des Neulands

Как расширяют московские цари свою территорию в XIX веке? В 1801 году к России была присоединена Гру́зия, а в 1809 году – Финля́ндия. В 1812 году румынская Бессара́бия (сегодня Молда́вия) стала частью царской России, а в 1815 году – Польша. Кавка́зские народы (в том числе́ и чече́нцы) подчини́лись Московскому царю после длительной войны только в 1864 году.

в том числе́ darunter

подчини́ться *v.* sich unterwerfen

Среднеазиатские народы – узбе́ки, кирги́зы, каза́хи, туркме́ны, таджи́ки – попа́ли сравнительно поздно в зави́симость от царской России – только в конце XIX века.

попа́сть *v.* geraten

зави́симость Abhängigkeit

~ 195 слов

Многонациональный Советский Союз

многонациона́льный multinational

После Октя́брьской револю́ции (1917) и гражда́нской войны́ (1918 – 1922) в России был обра-зо́ван Сою́з Сове́тских Социалисти́ческих Респу́блик (СССР). 30 декабря 1922 года Росси́йская Сове́тская Федерати́вная Социалисти́ческая Респу́блика (РСФСР), Украи́нская Советская Социалистическая Республика (УССР), Белору́сская Советская Социалистическая Республика (БССР) и Закавка́зская Социалистическая Федерати́вная Советская Республика (ЗСФСР: Азербайджа́н, Арме́ния и Гру́зия) подписали Догово́р об образова́нии СССР. Приблизи́тельно 130 больших и малых народов и национальностей жили на огромной территории около семидесяти лет вместе в едином, строго централизованном советском государстве. 25 декабря 1991 года СССР переста́л существова́ть. На его территории образова́лось 15 самостоятельных государств. Россия осталась многонациональным государством.

гражда́нская война́ Bürgerkrieg

был образо́ван wurde gebildet

Догово́р об образова́нии СССР Gründungsvertrag der UdSSR

приблизи́тельно annähernd, ungefähr

переста́ть *v.* aufhören

существова́ть existieren

образова́ться sich bilden

Русские цари всегда стремились к расширению своей территории. Но, с другой стороны, они не учи́тывали такой истори́ческий о́пыт: управлять громадной территорией, где живут разные национальности, очень тяжело. Все большие многонациональные государства через определённый срок распались: государство Алекса́ндра Македо́нского в IV веке до нашей эры, Ри́мская импе́рия в IV веке нашей эры, государство Ка́рла Вели́кого в IX веке, империя Наполео́на в XIX веке и другие.

учи́тывать berücksichtigen
истори́ческий о́пыт historische Erfahrung
определённый срок *hier:* bestimmte Zeit
Алекса́ндр Македо́нский *Alexander der Große* (356–323 v. u. Z.), König von Makedonien
Карл Вели́кий *Karl der Große* (742–814), König der Franken
Наполео́н *Napoleon I.* (1769–1821), Kaiser der Franzosen

История также показывает, что все цари Российской империи имели проблемы с огромной, но малонаселённой территорией (в среднем 8,7 жителя на 1 $км^2$). Русские, как самая многочисленная национальность, селились по всей этой огромной территории. В 1990 году в России проживало 149,5 миллиона жителей 130 национальностей. Среди них 81,5 % русских, 3,8 % тата́р, 3,0 % украи́нцев, 1,2 % чува́ш, 0,9 % башки́р (чуваши и башкиры – это тюркоязы́чные народы, чуваши православные, а башкиры мусульмане).

малонаселённый dünn besiedelt
тюркоязы́чный turksprachig

Сейчас вы можете понять, почему после образования Российской Федерации в 1991 году возникли большие проблемы: только около 80 % всех русских живут сегодня в Российской Федерации. А 25 миллионов русских (17 % всей нации) стали иностранцами на территориях 14 новых государств.

~ 265 слов

Миграция в Советском Союзе

Почему сегодня многие украи́нцы, ру́сские, а также представи́тели других народов живут, например, в Сиби́ри, на Да́льнем Восто́ке или в степях Казахста́на? Почему они мигрировали в другие регионы Сове́тского Сою́за?

представи́тель Vertreter

Это было связано с историей Советского Союза, а также с политикой Коммунистической партии.

В первые годы советской власти партия вела борьбу с безгра́мотностью. Это означало, что многие из тех, кто умел читать и писать, стали

безгра́мотность Analphabetentum

учителями и обучали других. Таким образом, многие «учителя» переселялись в другие регионы страны. Они там создава́ли школы, обучали безграмотных, и многие из них остались навсегда́ там.

создава́ть gründen, schaffen
навсегда́ für immer

Ликвидация безграмотности.

В годы социалисти́ческой индустриализа́ции (с 1925 года) партия решила построить новые большие предприя́тия тяжёлой промы́шленности. Эти заводы строились там, где были поле́зные ископа́емые. Но в этих регионах, как правило, жило мало людей. Поэтому нужно было переселять туда рабочих и специалистов. Так возни́кли, например, такие города как Магнитого́рск на Ура́ле, Воркута́ на Кра́йнем Се́вере и Комсомо́льск-на-Аму́ре на Дальнем Востоке. В этих городах жили и сегодня ещё живут люди разных национальностей. Они обща́ются на русском языке, который все учили в советской школе как обязательный предмет. Национальность в то время не имела большого значения. Все люди имели только одну родину – Советский Союз.

социалисти́ческая индустриализа́ция sozialistische Industrialisierung
предприя́тие Betrieb, Werk
тяжёлая промы́шленность Schwerindustrie
поле́зные ископа́емые Bodenschätze
возни́кнуть *v.* entstehen
обща́ться sich verständigen

В 50-е годы Советское государство призва́ло молодых людей на освое́ние плодоро́дных цели́нных земе́ль в степях Се́верного Казахста́на.

Многие молодые люди приезжали доброво́льно на работу в отдалённые регионы Со-

призва́ть *v.* aufrufen, auffordern
освое́ние плодоро́дных цели́нных земе́ль Urbarmachen fruchtbaren Neulandes
доброво́льно freiwillig
отдалённый entlegen

ветского Союза после окончания учёбы в университетах. Но там они не работали по своей специа́льности. Многие работали, например, шофёрами. Почему? Потому что шофёр на целине или на строительстве такой большой железной дороги, как Байка́ло-Аму́рская магистра́ль (БАМ), зарабатывал в десять раз больше денег, чем, например, учитель в городе центрального региона страны.

Таким образом, советское правительство привлекало молодых людей на так называ́емые «коммунисти́ческие стро́йки» или на «стро́йки ве́ка» в регионы Да́льнего Восто́ка, Восто́чной или За́падной Сиби́ри или Кра́йнего Се́вера страны, где очень много полезных ископаемых. Но почти никто не хотел работать добровольно в этих регионах ве́чной мерзлоты́. На такую работу соглашались только энтузиасты. Поэтому нужно было платить хорошую зарплату или заста́вить людей, например, заключённых, там работать.

специа́льность Beruf, Spezialisierung

см. «Целина», стр. 17

так называ́емый so genannt

коммунисти́ческая стро́йка Großbaustelle der Jugend

стро́йка ве́ка Jahrhundertbaustelle

Кра́йний Се́вер Hoher Norden

ве́чная мерзлота́ Dauerfrost

заста́вить *v.* zwingen

~ 335 слов

Принудительное переселение

В годы так называ́емой коллективиза́ции се́льского хозя́йства силой переселяли наиболее предпри́имчивых и наиболее независимых крестья́н. Почему это было так? Коммунисты счита́ли, что землю нужно обраба́тывать вместе. Поэтому крестьяне должны были образовывать колхо́зы (<u>кол</u>лективные <u>хоз</u>яйства). Они должны были объедини́ть все свои земли и вместе их обрабатывать. Государство обещало дать колхозам сельскохозяйственные машины. Но некоторые крестьяне не хотели вступать в колхозы. Этих крестьян называли кулака́ми. Коммунисты говорили, что они являются «врага́ми наро́да» и их нужно расстреливать или отправля́ть в лагеря для перевоспита́ния. В такие лагеря перевоспитания в период советской власти отправляли людей, которые критиковали государственную политику. Эти лагеря находились по всей территории СССР. Там заключённые должны были долго и тяжело работать. Многие из них умерли

принуди́тельный Zwangs- (*in Zus.*)

так называ́емый so genannt

коллективиза́ция се́льского хозя́йства Kollektivierung der Landwirtschaft

предпри́имчивый *hier:* unternehmerisch denkend

крестья́нин, *Pl.* крестья́не Bauer

счита́ть meinen

обраба́тывать bearbeiten

колхо́з landwirtschaftliche Kollektivwirtschaften

объедини́ть *v.* vereinigen, zusammenlegen

кула́к *hier:* Großbauer

враг наро́да Volksfeind

отправля́ть schicken

перевоспита́ние Umerziehung

см. «Сибирь – место ссылки и каторги», стр. 29

заключённый Häftling, Gefangener

от непоси́льного труда. Другие остались там жить, потому что у них спустя́ мно́го лет в бывшем родном городе уже не было ни семьи, ни родственников.

В годы Вели́кой Оте́чественной войны́ по прика́зу Ста́лина в Сре́днюю А́зию, Казахста́н и Сиби́рь были депортированы целые народы: ингу́ши, чече́нцы, месхе́ты, калмы́ки, не́мцы ... Сталин думал, что они будут помогать фашистам. Поэтому они должны были поки́нуть свои родные места.

непоси́льный die Kräfte übersteigend
спустя́ мно́го лет nach vielen Jahren
Вели́кая Оте́чественная войн́а Großer Vaterländischer Krieg (1941–1945)
прика́з Befehl
Ста́лин *J. W. Stalin* (1878–1953)
поки́нуть *v.* verlassen

~ 180 слов

Северный Казахстан

После распа́да Сове́тского Сою́за в 1991 году в 15 новых суверенных государствах возни́кли большие проблемы. Границы между союзными республиками СССР оказались вдруг государственными. 25 миллионов русских стали иностранцами у себя дома.

Одним из таких примеров является Се́верный Казахста́н. Северный Казахстан, или южная часть За́падной Сиби́ри, находится за Ура́лом, в А́зии, где зона лесов переходит в степь. И́здавна там жили коче́вники – каза́хи. Через их территорию проходили знамени́тые торго́вые пути́, как, например, «Шёлковый путь» из Кита́я через Сре́днюю Азию в Евро́пу. Этот путь функционировал с середины II ве́ка до на́шей э́ры до XIV века как регулярная дипломатическая и торговая артерия.

Эту богатую территорию хотели завоева́ть не только Алекса́ндр Македо́нский в IV веке до нашей эры и Чингисха́н в XIII веке, но и царская Росси́я и Китай в XIX веке.

В XVI веке украи́нские и ру́сские казаки́ начали завоевание и освое́ние Сибири для русского царя. Таким образом, вдоль южной границы царской России, которая проходила по реке Урал и городам Оренбу́рг, Омск, Красноя́рск, Семире́ченск, возникли мо́щные укрепле́ния. Там жили казаки со своими семьями. В конце XIX века эти укрепления уже не имели такого большого стра-

распа́д Zerfall
возни́кнуть *v.* entstehen
и́здавна von alters her, seit jeher
коче́вники Nomaden
знамени́тый berühmt
торго́вый путь Handelsweg
Шёлковый путь Seidenstraße
век Jahrhundert
до на́шей э́ры vor unserer Zeitrechnung
завоева́ть *v.* erkämpfen
Алекса́ндр Македо́нский *Alexander der Große* (356–323 v. u. Z.), König von Makedonien
Чингисха́н *Tschingis Chan* (um 1155–1227), Begründer des Mongolischen Reiches
казаки́ Kosaken
освое́ние Erschließung
см. «Завоевание Сибири русскими», стр. 28
см. «Казаки», стр. 20
мо́щное укрепле́ние mächtige Befestigung

тегического значения, потому что граница царской России продви́нулась далеко на юг: до Ира́ка, Афганиста́на, Китая, Монго́лии. В 1895 году Средняя Азия стала составно́й ча́стью Российского государства. С тех пор семьи казаков остались жить на земле, которую они получили от царя, а мужчины служи́ли на новой границе.

Сегодня эта широкая погранйчная полоса́ на юге России – старая казачья земля с русским населением – вдруг оказалась за рубежо́м, в Республике Казахстан. В этом регионе уже несколько десятков лет проживает в основном русскоязычное население – пото́мки казаков. Они, конечно, хотят оста́ться на своей Родине. Казаки хотят там споко́йно жить и работать.

продви́нуться *v.* sich verschieben
составна́я часть Bestandteil
с тех пор seitdem
служи́ть dienen, Dienst tun
погранйчная полоса́ Grenzstreifen
за рубежо́м Ausland
пото́мок Nachkomme
оста́ться *v.* bleiben
споко́йно ruhig, in Ruhe

~ 275 слов

Целина

целина́ Neuland

Целина – это степь на севере Казахста́на, где очень плодоро́дная земля́. Советское правительство отпра́вило туда в 50-е годы тысячи молодых людей поднима́ть целину́. В первые годы эта земля давала хороший урожа́й. Но постепе́нно сильные степные ве́тры уносили плодородный чернозём и можно было собрать только средний урожай. А в сухи́е годы вообще не было урожая.

Сначала молодые люди строили для себя дома, а потом деревни и города. Они образо-

плодоро́дная земля́ fruchtbarer Boden
отпра́вить *v.* schicken
поднима́ть целину́ Neuland erschließen, urbar machen
урожа́й Ernte
постепе́нно allmählich
ве́тер Wind
чернозём Schwarzerdeboden
сухо́й trocken

Целина.

вывали колхозы и обраба́тывали плодородную землю. Так возни́к, например, город Целиногра́д, который стал центром освоения целинных земель. В 90-е годы этот город назывался Акмоло́й. В 1997 году Президе́нт Респу́блики Казахстан решил перенести сюда официальную столицу. А с 1998 года эта новая столица – бывший город Акмола – называется Астано́й. В перево́де с казахского языка это означает – «столица».

Почему сегодня так тяжело жить на бывшей целине? Это связано с приро́дными усло́виями. В этом регионе резко континентальный климат. Зимой очень холодно (– 40 градусов), а летом очень жарко (+ 40 градусов). Но самое главное: не хвата́ет дождя́. И поэтому летом бывает за́суха, которая приводит к неурожа́ю. Так, например, после сухого лета 1991 года собрали только половину среднего урожая последних пяти лет (1986 – 1990). В таких случаях в советское время государство подде́рживало колхо́зы. В усло́виях ры́ночной эконо́мики эти огромные хозяйства не получают никакой по́мощи от государства. Многие колхозы разва́ливаются. Кто может, уезжает на работу в другие регионы страны. Но найти́ работу везде сложно.

В регионе целинных земель большие промы́шленные центры. Эти центры возникли в 30-е годы (в годы советской индустриализации) и в годы второй мировой войны (1939 – 1945). Советское государство помогло осваивать богатые поле́зные ископа́емые Казахстана: ка́менный у́голь, желе́зную руду́, золото, уран, серебро, цветны́е мета́ллы ... Таким образом, с помощью специалистов, которые приехали из России и других союзных республик СССР, в степях Казахстана возникли крупные промышленные центры. Но тяжёлую работу на у́гольных ша́хтах и на рудника́х выполняли в советское время в основно́м заключённые. При Сталине это были так называ́емые «враги́ наро́да». Сегодня их пото́мки представляют большинство населения в Целиногра́дской, Караганди́нской и Кокчета́вской областях Се́верного Казахстана.

обраба́тывать bearbeiten
возни́кнуть *v.* entstehen
в перево́де in der Übersetzung
приро́дные усло́вия natürliche Bedingungen
не хвата́ет дождя́ es fehlt an Regen
за́суха Dürre
неурожа́й Missernte
подде́рживать unterstützen
колхо́з Kollektivwirtschaft
в усло́виях ры́ночной эконо́мики unter marktwirtschaftlichen Bedingungen
по́мощь Hilfe
разва́ливаться zerfallen
найти́ *v.* finden
промы́шленный Industrie- (*in Zus.*)
поле́зные ископа́емые Bodenschätze
ка́менный у́голь Steinkohle
желе́зная руда́ Eisenerz
цветны́е мета́ллы Buntmetalle
у́гольная ша́хта Kohlebergwerk
рудни́к Erzbergwerk
в основно́м hauptsächlich
заключённый Häftling, Gefangener
так называ́емый so genannt
враг наро́да Volksfeind
пото́мок Nachkomme
см. «Сибирь – место каторги и ссылки», стр. 29

Это и было одной из причи́н, почему Президент Республики Казахстан перенёс свою столицу с юга на север страны. Сейчас он может лучше контролировать северные территории республики, где наиболее ра́звита промышленность, и увеличить среди населения уде́льный вес казахов – «представителей ти́тульной национа́льности» в этом многонациональном регионе.

причи́на Grund
см. «Казахи и казаки», стр. 19
ра́звит entwickelt
уде́льный вес Anteil
ти́тульная национа́льность Titularnation
~ 370 слов

Казахи и казаки

каза́к Kosake

Каза́хи – так называются жители Казахста́на. Много веко́в они жили кочёвниками в степях Сре́дней А́зии. В XIX веке их ещё называли киргиз-кайсаками.

Когда в XVI веке началось освое́ние Сиби́ри, у них появились на севере – на границе с Сибирью – «соседи». Эти соседи были воинами, которые завоева́ли для московского царя новые малонаселённые территории и оста́лись там жить.

Эти воины – их называли казака́ми – служи́ли в царской армии. У них были осо́бые права́ и привилегии. Они не платили нало́ги и несли́ вое́нную слу́жбу в пограничных регионах государства. За ве́рную службу царь дари́л им землю. На этой земле они могли жить со своими семьями. В мирное время они жили в своих стани́цах – так называются селе́ния казаков – и занимались се́льским хозя́йством. Каждая станица была частью каза́чьего во́йска. Руководил войском атама́н. (Украинские казаки называли своего предводи́теля ге́тманом.) Казаки обраба́тывали землю, воспитывали детей в ду́хе свободы и незави́симости, занимались военными играми. Так на границе Российского государства образовались новые поселе́ния. Например, в конце XIX века на границе с Кавказом жили войска Куба́нских и Те́рских казаков. На границе со Средней Азией жили Ура́льское, Оренбу́ргское и Сиби́рское казачьи войска. Жили и воевали казаки под лозунгом «За ве́ру, царя́ и оте́чество!» Так как сегодня царя нет, лозунг изменился: «За веру, наро́д и отечество!»

век Jahrhundert
кочёвники Nomaden
освое́ние *hier:* Eroberung
завоева́ть *v.* erobern, erkämpfen
малонаселённый dünn besiedelt
оста́ться *v.* bleiben
служи́ть dienen, Dienst tun
осо́бые права́ besondere Rechte
нало́г Steuer
нести́ вое́нную слу́жбу Militärdienst leisten
ве́рный treu

Молодые казачки.

дари́ть schenken
селе́ние Siedlung
се́льское хозя́йство Landwirtschaft
каза́чье во́йско Kosakenheer
предводи́тель Heerführer
обраба́тывать bearbeiten
в ду́хе im Sinne
незави́симость Unabhängigkeit
поселе́ние Siedlung
За ве́ру, царя́ и оте́чество! Für den Glauben, den Zaren und das Vaterland!
наро́д Volk

В годы советской власти казаки боролись против коммунистов. Поэтому их преслéдовали. В 1919 году Народный комиссар Лев Дави́дович Трóцкий подписал, например, указ «Об уничтожéнии казачества как этноса, спосóбного к самоорганизации».

Сегодня, после объявлéния независимости Республики Казахстан 16 декабря 1991 года казаки объедини́лись для защи́ты своих прав. Но не только для защиты прав казаков, но и всего русскоязычного населения Северного Казахстана. Казаки доби́лись права выдвигáть на вы́борах свои́х кандидáтов в парламент Республики Казахстан. Они добились того, что в государственных организациях и органах мéстного самоуправлéния наравнé с казахским официально употребля́ется русский язык.

Они потребовали также создáния свобóдной экономи́ческой зóны на границе с Россией, на севере Казахстана.

Кроме того, казаки предложили совéтникам Президента Республики Казахстан организовать казачьи воинские части по станичному принципу формирования. Эту идею, конечно, не поддержáли. Казахи побоя́лись организованной воéнной мóщи русскоязычного населения Северного Казахстана.

преслéдовать verfolgen
Трóцкий Л. Д. *Lew Trotzki* (1879–1940), Kriegsvolkskommissar
уничтожéние Vernichtung
спосóбный fähig
объявлéние Verkündigung
объедини́ться *v.* sich vereinigen
защи́та Verteidigung
доби́ться (*v.*) (чего) (etwas) erreichen
выдвигáть на вы́борах свои́х кандидáтов eigene Kandidaten zur Wahl vorschlagen
мéстное самоуправлéние örtliche Selbstverwaltung
наравнé gleichberechtigt, ebenso wie
употребля́ться benutzt werden
создáние Schaffung
свобóдная экономи́ческая зóна Freihandelszone
совéтник Berater
поддержáть *v.* unterstützen
побоя́ться *v.* sich fürchten
воéнная мощь militärische Macht

~ 335 слов

Казаки

казáк Kosake

Кто такие казаки́ и откуда они произошли?

Слово «казак» тю́ркского происхождéния и означает «вóльный человек». Начиная с XIV вéка из центральных регионов Востóчно-Европéйской равни́ны всё больше людей бежало в южные степи, которые в то время ещё не входили в состав какого-нибудь государства. Бежали люди разных национальностей (рýсские, украи́нцы, калмы́ки, башки́ры, татáры, ...), в основном от крепостнóй зави́симости. Жизнь крепостных крестья́н в России во второй половине XV века сильно ухýдшилась. Поэтому всё больше украинских и русских крестьян искали свободной

тю́ркское происхождéние türkische Abstammung
вóльный frei
начиная с (чего) seit
век Jahrhundert
крепостна́я зави́симость feudale Abhängigkeit, *hier:* Leibeigenschaft
крестья́нин, *Pl.* крестья́не Bauer
ухýдшиться *v.* sich verschlechtern

Кубанские казаки в XIX веке.

жизни в «ди́ком по́ле». Они образовали свои общи́ны: русские – казачьи войска́ на реках Дон, Во́лга, Ура́л, Те́рек, а украинцы – казачье войско на реке Днепр. Это казачье войско называлось Запоро́жская Сечь и существовало до 1775 года.

В XVIII веке казаки постепенно должны были подчини́ться По́льско-лито́вскому или Моско́вскому государству. Таким образом, они потеря́ли свою свобо́ду. В России казаки с тех пор служи́ли в царской армии. Они создавали свои автономные селе́ния в пограни́чных регио́нах царской империи. В начале XX века существовало 11 таких казачьих войск. В них служило 300 000 человек.

В годы гражданской войны в России (1918 – 1922) военные отряды казаков воевали против сове́тской вла́сти. Поэтому их преследовали как врагов государства. Всех мужчин в во́зрасте от 15 до 50 лет, кто не успе́л эмигрировать, расстре́ливали. Женщины и дети с трудом выжили.

С конца 80-х годов в России началось возрожде́ние традиций, культуры и бы́та казачества. В 90-е годы начали возрождаться каза́чьи подразделе́ния: например, Донско́е войско на Украине, Оренбу́ргское в России и Аму́рское на Да́льнем Восто́ке. У каждого объединения есть свои цели и задачи. Поэтому 2 июля 1991 года все казачьи объединения (казачьи войска и казачьи земля́чества) в Сибири объединились в Сою́з Сиби́рских казако́в.

ди́кое по́ле *hier:* Niemandsland
общи́на Gemeinde, Gemeinschaft
во́йско Heer
подчини́ться *v.* sich unterordnen
потеря́ть (*v.*) свобо́ду die Freiheit verlieren
с тех пор seitdem
служи́ть dienen, Dienst tun
селе́ние Siedlung
пограни́чный регио́н Grenzgebiet
см. «Сибирь – место ссылки и каторги», стр. 29
в во́зрасте im Alter
успе́ть *v.* schaffen
расстре́ливать erschießen
возрожде́ние Wiedergeburt
быт *hier:* Lebensweise
каза́чье подразделе́ние Kosakenabteilung
земля́чество Landsmannschaft

Москва, 1993 г. Открытие Совета атаманов Союза казаков.

В 1993 году в Москве состоялся Чрезвыча́йный сове́т атама́нов России, на котором был подписан Догово́р о едине́нии и согла́сии каза́чества России.

Потомки эмигрированных казаков поддерживают своих «братьев» в России. Казаки встречаются, вспоминают прошлое, образуют свои новые организации. Они отмеча́ют свои праздники, занимаются фольклором, устраивают концерты. Взрослые заботятся о том, чтобы дети казаков служили в армии в одном отряде на границе государства – как это было в царские времена.

Казаки сегодня также занимаются бизнесом и помогают тем, кто остался без работы. В деревнях они помогают, например, фермерам организовывать свою работу. В городах казаки помогают мили́ции подде́рживать обще́ственный поря́док.

чрезвыча́йный außerordentlicher

Догово́р о едине́нии и согла́сии каза́чества Vertrag über Einigkeit und Einvernehmen der Kosakenschaft

отмеча́ть feiern, begehen

мили́ция Polizei

подде́рживать обще́ственный поря́док die öffentliche Ordnung aufrechterhalten

~ 365 слов

Сибирь

Что такое Сибирь?

Со словом «Сибирь» многие европейцы связывают представле́ние о далёком и малонаселённом кра́е. Они знают, что там холодный и суро́вый климат. В период царской Росси́и и в сталинские времена туда ссыла́ли людей. Сегодня слово «Сибирь» очень многозначно. Сибирь – это огромная территория, где есть го́ры и равни́ны, ту́ндра, тайга́, сте́пи и альпийские луга́.

Сибирь – это маленькие и большие реки, например, Обь, Енисе́й и Ле́на, и озёра, например, Байка́л.

Сибирь – это за́поведные места́ с ледника́ми, ска́лами, пеще́рами, ге́йзерами, минеральными исто́чниками.

Сибирь – это кладова́я приро́дных бога́тств: у́голь, нефть, газ, золото, алма́зы, цветны́е и ре́дкие металлы ...

Сибирь – это край не только экзотических, но и ценных пу́шных живо́тных, шку́рки которых называют «мягким золотом»: со́боль, лиси́ца, рысь, бе́лка ... Расти́тельный мир Сибири также богат и разнообра́зен.

Сибирь – это большие и небольшие, старые и современные города, например: Тобо́льск (основан в 1587 году), Ирку́тск (основан в 1661 году),

представле́ние Vorstellung
малонаселённый край dünn besiedelte Gegend
суро́вый rau
ссыла́ть verbannen
равни́на Ebene
за́поведное ме́сто Naturschutzgebiet
ледни́к Gletscher
скала́ Felsen
пеще́ра Höhle
исто́чник Quelle
кладова́я Vorratskammer
приро́дные бога́тства Naturreichtümer, Bodenschätze
у́голь Kohle
нефть Erdöl
алма́з Diamant
цветны́е мета́ллы Buntmetalle
ре́дкий selten
пу́шное живо́тное Pelztier
шку́рка Fell
со́боль Zobel
лиси́ца Fuchs
рысь Luchs
бе́лка Eichhörnchen
расти́тельный мир Pflanzenwelt
разнообра́зен vielgestaltig

Старая часть г. Тобольска.

Хаба́ровск (основан в 1858 году), Комсомо́льск-на-Аму́ре (основан в 1932 году).

Сибирь – это коренны́е сибирские народы: ха́нты, ма́нси, эве́ны, эве́нки, яку́ты, буря́ты, туви́нцы, хака́сы, алта́йцы, нана́йцы, удэге́йцы, ни́вхи.

Но в Сибири живут и другие жители. Одни приехали сюда доброво́льно, чтобы осва́ивать этот суровый и богатый край, например: купцы́ из Но́вгорода, крестья́не из европе́йской части России, казаки-завоеватели, инженеры, рабочие … Другие попали сюда не по своему жела́нию, например, революционеры или так называ́емые враги́ советского режима.

коренно́й ursprünglich, Ur- (*in Zus.*)
доброво́льно freiwillig
осва́ивать erobern, erschließen
купе́ц Kaufmann
крестья́нин, *Pl.* крестья́не Bauer
жела́ние Wunsch
так называ́емый so genannt
враг Feind
см. «Сибирь – место ссылки и каторги», стр. 29

~ 215 слов

Откуда появилось слово «Сибирь»

Слово «Сибирь» встречается уже в дре́вних русских ле́тописях. В этих летописях упомина́ется столица первого государства на юге За́падной Сиби́ри – Сибирь. Это государство – Сибирское ха́нство – образовали тата́ры в 1483 году. Татары – это пото́мки великого Чингисха́на, который в XIII ве́ке хотел завоева́ть весь мир.

Слово «Сибирь» встречалось и в других вариантах. «Себур» – так назывались в дре́вности Ура́льские го́ры. «Сыбыр» – так назывались древние племена́, которые там жили.

Первые жители Сибири – ху́нну и у́гры. Древние названия угров: сипыр, сепыр, супыр … Поэтому слово «сибирь» происходит, наверно, от названия угорских пре́дков, которые пришли в Западную Сибирь из более южных мест, из Казахста́на. Постепе́нно это название перешло́ на территорию юга Западной Сибири, потом на татарское государство – Сибирское ханство – и на его столицу – Сибирь. А сегодня весь этот регион называется Сибирью.

дре́вний alt, altertümlich
ле́топись Chronik
упомина́ться erwähnt werden
пото́мок Nachkomme
Чингисха́н *Tschingis Chan* (um 1155–1227), Begründer des Mongolischen Reiches
век Jahrhundert
завоева́ть *v.* erobern
в дре́вности im Altertum
пле́мя, *Pl.* племена́ Stamm
пре́док Vorfahr
постепе́нно allmählich
перейти́, *Prät.* перешёл, перешло́ übergehen

~ 125 слов

Население Сибири

Первый человек появился на юге Сиби́ри уже приблизи́тельно 40 тысяч лет назад. Но коренны́е жи́тели жили на севере Сибири, на огромных просторах тайги́ и ту́ндры. Они занимались охо́той, рыболо́вством, оленево́дством и скотово́дством. В усло́виях суро́вого климата севера их жизнь была тяжёлой и опа́сной. Кроме того, часто на них нападали кочёвники, покоря́ли их и заставля́ли платить дань – яса́к.

Народы Западной Сибири находились с 1483 года в зо́не влия́ния Сиби́рского ха́нства – тата́рского государства. Народы Сре́дней, Восто́чной и Ю́жной Сибири находились в зоне влияния тю́ркских и монго́льских государств, а народы Да́льнего Восто́ка – в зоне влияния тунгу́со-маньчжу́рских государств.

В конце XVII ве́ка Сибирь стала частью Моско́вского централизованного государства.

Окончательное присоедине́ние Сибири к России имело большое экономическое значение. Почему? Малочи́сленные народы Сибири не могли без чужо́й по́мощи осва́ивать приро́дные бога́тства. В XVII веке на площади более 13 миллионов квадратных километров жило около 236 тысяч человек, то есть на 55 квадратных километрах жил только один человек!

Русские инженеры, реме́сленники и крестья́не привезли в Сибирь другие, прогрессивные формы хозя́йствования. Но царские чино́вники, купцы́ и ме́стные богачи́ сильно эксплуатировали коренное население Сибири. Каждый трудоспособный мужчина с 18 до 50 лет был обязан платить ясак. Так назывался нало́г. Сначала платили пушни́ной, а с XVIII века и деньгами. Поэтому многие народы жили очень бедно. Кроме того, во время эпидемий вымира́ли целые деревни.

В настоящее время в Сибири проживает более 25 миллионов человек. Это представи́тели около пятидесяти народов. Из них 30 народов – коренные сибирские, как, например,

приблизи́тельно ungefähr
коренно́й жи́тель Ureinwohner
охо́та Jagd
рыболо́вство Fischfang
оленево́дство Rentierzucht
скотово́дство Viehzucht
усло́вие Bedingung
суро́вый rau
опа́сный gefährlich
кочёвник Nomade
покоря́ть besiegen, bezwingen
заставля́ть zwingen
зо́на влия́ния Einflussbereich

век Jahrhundert
см. «Завоевание Сибири русскими», стр. 28
присоедине́ние Anschluss
малочи́сленный zahlenmäßig schwach
без чужо́й по́мощи ohne fremde Hilfe
осва́ивать erschließen
приро́дные бога́тства Naturreichtümer, Bodenschätze
реме́сленник Handwerker
крестья́нин, *Pl.* крестья́не Bauer
хозя́йствование Wirtschaften
чино́вник Beamter
купе́ц Kaufmann
ме́стный *hier:* einheimisch
бога́ч reicher Mann
нало́г Steuer
пушни́на Pelzwaren
вымира́ть aussterben
представи́тель Vertreter

Девушка-эвенкийка в национальном костюме.

ха́нты, ма́нси, яку́ты..., а остальные некоренные – украи́нцы, белору́сы, тата́ры, молдава́не и другие. Но русские – самая многочисленная нация. Вместе с коренными народами они начали осваивать этот край. Многие приехали, например, в конце XIX века на строительство Транссиби́рской желе́зной доро́ги или в советские времена на так называ́емую «стро́йку ве́ка» – Байка́ло-Аму́рскую магистра́ль (БАМ).

Транссиби́рская желе́зная доро́га Transsibirische Eisenbahn
так называ́емый so genannt
стро́йка ве́ка Jahrhundertbaustelle

~ 290 слов

Развитие Сибири в советское время

Свои приро́дные бога́тства Сиби́рь только с большим трудом отдаёт человеку. Ве́чная мерзлота́, сильные морозы, мете́ли и вью́ги, непроходи́мые боло́та, зава́ленная бурело́мом тайга́, труднодосту́пные го́ры, ска́лы и бу́рные реки очень затрудня́ют освое́ние сибирских богатств. Для их добы́чи нужны не только высокора́звитая техника, но и энтузиазм и му́жество людей.

В советское время было много сделано для экономического, социального и культурного разви́тия этого региона. Многие народы впервые получили пи́сьменность. Они получили возможность научиться читать и писать на своём родном языке. В связи с освоением больших природных богатств строились шоссе и желе́зные доро́ги, новые города. Развивалась инфраструктура целых регионов. Но одновременно сильно пострада́ла природа, особенно в регионах, где добывается нефть. Многие коренны́е жи́тели Се́вера или Сибири (например, оленево́ды) потеря́ли свой исторический о́браз жи́зни. В годы коллективизации советская власть заста́вила коче́вников стать членами оленеводческого колхо́за. Для них построили, например, жилые дома со все́ми удо́бствами. Старшие дети должны были жить и учиться в школах-интернатах. Только летом они кочевали вместе со своими родителями. Так и коренные народы Сибири стали «советскими» людьми.

приро́дные бога́тства Naturreichtümer, Bodenschätze
ве́чная мерзлота́ Dauerfrost
мете́ль Schneegestöber
вью́га Schneesturm
непроходи́мое боло́то undurchdringlicher Sumpf
зава́ленная бурело́мом тайга́ durch Windbruch versperrte Taiga
труднодосту́пные го́ры schwer zugängliche Berge
скала́ Felsen
бу́рный stürmisch
затрудня́ть erschweren
освое́ние Erschließung
добы́ча Förderung
высокора́звитый hoch entwickelt
му́жество Mut
разви́тие Entwicklung
пи́сьменность Schriftsprache
желе́зная доро́га Eisenbahn

пострада́ть *v.* leiden

нефть Erdöl
коренно́й жи́тель Ureinwohner
оленево́д Rentierzüchter
потеря́ть *v.* verlieren
о́браз жи́зни Lebensweise

заста́вить *v.* zwingen
коче́вник Nomade
колхо́з Kollektivwirtschaft
со все́ми удо́бствами mit allem Komfort

см. «Полуостров Ямал», стр. 42

Сегодня учёные Этнографического института в О́мске заботятся об этих народах. Они помогают им восстана́вливать их коренно́й образ жизни.

восстана́вливать wiederherstellen
коренно́й ursprünglich

После распада Советского Союза в 1991 году многие грандиозные стройки уже не имеют экономического значения для развития богатых регионов Сибири. Российской Федерации не хвата́ет де́нег, например, для продолже́ния строительства железной дороги БАМ (Байка́ло-Аму́рская магистра́ль) или гидроэлектроста́нций. Никто не достраивает и жилые ка́менные дома для строителей БАМа. Многие бы́вшие строители всё ещё живут в старых бараках. У многих нет работы. Зарпла́ту они получают нерегулярно. Они думают, что московское правительство забы́ло о них.

не хвата́ет де́нег es fehlt das Geld
продолже́ние Fortsetzung
гидроэлектроста́нция Wasserkraftwerk
ка́менный Stein- (*in Zus.*)
бы́вший ehemalig
зарпла́та Lohn, Gehalt
забы́ть *v.* vergessen

Строительство БАМа.

В конце XIX века в Сибирь пересели́лись и многие немцы Пово́лжья. Они приехали сюда, потому что на Волге не хватало земли для всех крестьян. В Сибири они получили от царя Алекса́ндра II землю и дешёвые кредиты. Вот уже

пересели́ться umsiedeln
Алекса́ндр II *Alexander II.* (1818–1881), russ. Zar
дешёвый billig

более 100 лет в деревне Алекса́ндровка около Омска, например, и сегодня ещё живут почти только немцы.

~ 310 слов

Завоевание Сибири русскими

завоева́ние Eroberung

Русские всегда интересовались новыми зе́млями. Уже в XI ве́ке сме́лые купцы́ из Но́вгорода переезжали через Ура́л. Эти невысокие горы отделя́ют А́зию от Евро́пы. Новгородские купцы торгова́ли с жителями Урала и За́падной Сиби́ри: они привозили в Сибирь тка́ни и желе́зные ору́дия труда́ и меня́ли их на прекрасные шку́рки пу́шных звере́й. Эти контакты приносили по́льзу обеим сторонам. В это время ещё мало знали о Сибири. Купцы думали, что Сибирь – это богатая и ска́зочная страна. Но никто ещё не знал, какую большую территорию она занимает.

После укрепле́ния Моско́вского государства в конце XV века русский царь имел вое́нные и экономические возмо́жности для дальнейшего расшире́ния своей территории. В пе́рвую о́чередь, нужно было уничто́жить Астраха́нское и Каза́нское ха́нства, потому что татары регулярно совершали граби́тельские набе́ги на русские земли. Астраханское и Казанское ханства возни́кли в результате распа́да Золото́й Орды́. Это огромное монголо-татарское государство распалось в XV веке на несколько ханств: Казанское (сегодня на этой территории находится Республика Татарстан), Астраханское (сегодня территория Российской Федерации), Кры́мское (сегодня это территория Украины), Сиби́рское (сегодня территория Российской Федерации) и другие ханства. Кроме того, через территории Казанского и Астраханского ханства проходил удо́бный торго́вый путь по реке Волге в Каспийское море. А оттуда можно было попа́сть в Ира́н и в Ту́рцию. Московский царь Ива́н IV завоева́л в 1552 году Каза́нь, а в 1556 году – А́страхань. Таким образом, Пово́лжье и Урал стали частью Московского государства. Поэтому здесь уже в XVI веке поселились многие русские поме́щики, купцы и крестья́не.

зе́мли *hier:* Ländereien
век Jahrhundert
сме́лый mutig
купе́ц Kaufmann
отделя́ть trennen
торгова́ть handeln
ткань Stoff
желе́зный aus Eisen, eisern
ору́дие труда́ Werkzeug
меня́ть tauschen
шку́рка Pelz, Fell
пу́шный зверь Pelztier
по́льза Nutzen
ска́зочный märchenhaft
укрепле́ние Stärkung, innere Festigung
вое́нный militärisch
возмо́жность Möglichkeit
расшире́ние Erweiterung
в пе́рвую о́чередь in erster Linie
уничто́жить *v.* vernichten
граби́тельский набе́г Raubzug
возни́кнуть *v.* entstehen
распа́д Zerfall
Золота́я Орда́ *Goldene Horde*, mongol. Großreich, beherrschte bis zum frühen 15. Jhd. Russland
удо́бный bequem
торго́вый путь Handelsweg
попа́сть *v.* gelangen
Ива́н IV *Iwan der Schreckliche* (1530 – 1584), russ. Zar
завоева́ть *v.* erobern, erkämpfen
поме́щик Gutsbesitzer
крестья́нин, *Pl.* крестья́не Bauer

Особенно большие и богатые владéния имели русские предпринимáтели Стрóгановы – несколько миллионов гектаров на Пéрмской земле и на реке Кáма. Но на этой новой земле нельзя было жить спокóйно, потому что татары, которые жили в Зáпадной Сибири, часто нападáли на земли русских предпринимателей, купцов и помещиков. Поэтому московский царь попросил Строгановых защитúть людей и их владения от набéгов татар. Строгановы получили разрешéние строить крéпости на реках Óби и Иртышé и собрать вóйско для борьбы с сибирским ханом Кучýм. В знак благодáрности царь обещал подарить Строгановым все земли к востоку от Урала, которые они должны были завоевать для него. Кроме того, он освободúл Строгановых от налóгов и разрешил им торговать 20 лет без пóшлин с бухáрскими и киргúзскими купцами из Средней Азии.

В 1581 году атаман Ермáк собрал по поручению Строгановых войско казаков и начал поход в глубь Сибири. Ряд побед над войсками сибирского ханства открыл казакам путь в долúну Иртышá. Началось закреплéние новой территории в Западной Сибири. Казаки стали создавать деревянные крепости и поселения, которые позже стали большими городами. Так, например, были основаны Тюмéнь (1586) и Тобóльск (1587). В 1587 году русские вы́шли к Охóтскому морю. В XVIII веке Чукóтский полуостров и Камчáтка бы́ли присоединены́ к Российскому государству. Посмотрите на карту*, которая показывает, какую большую территорию занимала Россия уже к концу XVII века.

владéние Besitz, Besitzung
предпринимáтель Unternehmer
спокóйно ruhig
нападáть überfallen
защитúть *v.* verteidigen
набéг Überfall
разрешéние Erlaubnis
крéпость Festung
вóйско Heer
Кучýм *Kutschum* (?–1598), Chan des Sibirischen Chanats
в знак благодáрности als Zeichen der Dankbarkeit
освободúть *v.* befreien
налóг Steuer
пóшлина Gebühr
Ермáк *Jermak* (1532/42–1585), Kosakenataman, starb im Kampf gegen Kutschum
глубь *hier:* das Innere

Ермак. Скульптура М. Антакольского.

долúна Flusstal
закреплéние Befestigung
см. «Казаки», стр. 20
вы́йти *v.* heraustreten, gelangen
бы́ли присоединены́ wurden angegliedert
* Karte s. innere Umschlagseite hinten
~ 445 слов

Сибирь – место ссылки и каторги

Уже в XVI вéке в Сибúрь бежáли люди, которые хотели жить свободно. Они искáли приключéний или просто хотели скры́ться от государственной власти. Среди них было много крестья́н, которые бежали от крепостнóй завúсимости. Крестьяне, которые находились в крепостной

сы́лка Verbannung
кáторга Zwangsarbeit
век Jahrhundert
бежáть fliehen
искáть suchen
приключéние Abenteuer
скры́ться *v.* sich verbergen
крестья́нин, *Pl.* крестья́не Bauer
крепостнáя завúсимость *hier:* Leibeigenschaft

зависимости, полностью принадлежа́ли дворя́нам. Дворянин имел, например, право продавать и покупать крестьян или дарить их своему соседу. Крепостное право было окончательно зафиксировано в «Собо́рном уложе́нии» царя Алексе́я Миха́йловича Рома́нова в 1649 году. В России отмени́ли крепостное право только в 1861 году.

В XVII веке царь Пётр I начинает ссыла́ть старообря́дцев в Сибирь. Старообрядцы были сторо́нниками старой правосла́вной ве́ры. Они были против новых церко́вных реформ, которые проводил патриарх Ни́кон наси́льно в 1653 году. Старообрядцы отказа́лись, например, крести́ться тремя пальцами и поэтому их жестоко пресле́довали.

С тех пор в Сибирь ссылали всех, кто был против государственной власти: крестьян, которые принимали участие в крестьянских восста́ниях, престу́пников, но и свободолюбивых людей, революционеров.

принадлежа́ть gehören
дворяни́н, *Pl.* дворя́не Adliger
«Собо́рное уложе́ние» Gesetzbuch
Рома́нов А. М. *Alexej Michailowitsch Romanow* (1629–1676), russ. Zar seit 1645
отмени́ть *v.* abschaffen
Пётр I *Peter I.* (1672 – 1725), erster russ. Imperator
сосла́ть/ссыла́ть verbannen
старообря́дцы Altgläubige
сторо́нник Anhänger
правосла́вная ве́ра orthodoxer Glauben
церко́вный kirchlich
Ни́кон *Nikon* (1605 – 1681), russ. Patriarch 1652–1658
наси́льно gewaltsam
отказа́ться *v.* sich weigern
крести́ться *v. und uv.* sich bekreuzigen
пресле́довать verfolgen
с тех пор seitdem
восста́ние Aufstand
престу́пник Verbrecher

Заключённые в цепях.

Особую страницу в истории политических ссыльных Сибири занимают декабри́сты. В 1825 году в Петербу́рге дворяне-офицеры подняли восстание против царя и крепостничества. Они хотели создать конституционную монархию и отменить крепостное право. Уча́стников восстания стали называть декабристами, потому что это восстание произошло 14 декабря. Царь подави́л восстание. Пятерых видне́йших участников восстания он казни́л, других отправил на службу в армию на Кавка́з или на каторгу в Сибирь. В основном это были дворяне, очень

декабри́сты Dekabristen
уча́стник Teilnehmer
подави́ть *v.* niederschlagen
видне́йший hervorragendster, bedeutendster
казни́ть *v. und uv.* hinrichten

молодые, очень богатые и самые образо́ванные люди России XIX века. С передовы́ми идеями своей эпохи они познакомились в Евро́пе. Многие из них были офицерами царской армии и уча́ствовали в 1812 году в Оте́чественной войне́ против Наполео́на.

Около семидесяти декабристов работали на рудника́х в Восточной Сибири. Жёны и неве́сты некоторых декабристов доброво́льно последовали за своими мужьями в Сибирь. При этом они лиша́лись всех дворянских прав и привилегий. Они переходили на положе́ние жён ссыльных каторжа́н и не имели права брать с собой детей. Некоторые декабристы не вы́держали каторги и умерли. Другие остались по истече́нии своего сро́ка жить в Сибири.

Декабристы и позже другие политические ссыльные спосо́бствовали своим нево́льным трудом освое́нию бога́тств этого региона.

В советское время Ста́лин отправлял тысячи людей как так называ́емых «враго́в наро́да» в специальные лагеря.

Кого счита́ли врагом народа? «Врагами народа» были попы́ (свяще́нники), мона́хи, мона́шки, которые продолжали ве́рить в Бо́га в атеистическом государстве.

«Врагами народа» были кулаки́ – богатые крестьяне, которые не хотели вступать в колхозы.

«Врагами народа» были инженеры, о которых думали, что они передают секреты промы́шленного произво́дства зарубежным, капиталистическим фирмам.

«Врагами народа» считали также не́мцев, чече́нцев, ингу́ш и людей других национальностей Кавказа. Во время войны по прика́зу Сталина они были депортированы в Северный Казахстан, чтобы они не могли помогать фашистам.

Многие лагеря находились в Сибири. Заключённые должны были тяжело работать на у́гольных ша́хтах, на стро́йках или в лесах. Советская власть хотела перевоспитывать их трудом. В эти годы очень много неви́нных людей попа́ли в лагеря ГУЛАГа, которые находились по всей территории Советского Союза, и умерли там.

образо́ванный gebildet
передово́й fortschrittlich
уча́ствовать teilnehmen
Оте́чественная война́ Vaterländischer Krieg
Наполео́н *Napoleon I.* (1769–1821), Kaiser der Franzosen
рудни́к Erzbergwerk
неве́ста Braut
доброво́льно freiwillig
лиша́ться verlieren, einbüßen
положе́ние Lage
каторжа́нин, *Pl.* каторжа́не Zwangsarbeiter
вы́держать *v.* aushalten
по истече́нии сро́ка nach Ablauf der (Verbannungs-)Frist
спосо́бствовать beitragen, fördern
нево́льный erzwungen
освое́ние бога́тств Erschließung der Reichtümer
Ста́лин *J. W. Stalin* (1878–1953)
так называ́емый so genannt
враг наро́да Volksfeind
счита́ть (кем) halten für (jmdn.)
поп Pope
свяще́нник Priester
мона́х Mönch
мона́шка Nonne
ве́рить в Бо́га an Gott glauben
кула́к Großbauer
промы́шленное произво́дство Industrieproduktion
по прика́зу auf Befehl
заключённый Häftling, Gefangener
у́гольная ша́хта Kohlebergwerk
стро́йка Baustelle
неви́нный unschuldig
попа́сть *v.* kommen, gelangen
ГУЛА́Г (Гла́вное управле́ние лагере́й) GULAG, Bezeichnung für Zwangslager in der Stalinzeit

~ 465 слов

Заповедники в России

Приро́да играет большую роль в жизни человека. Природа необходи́ма человеку для нормальной жизни, для отдыха и сохране́ния здоровья, для удовлетворе́ния культурных потре́бностей. Природа также обеспечивает народное хозяйство сырьём и энергией. Поэтому надо бе́режно и разу́мно обращаться с природой и её ресурсами.

На огромной территории России много природных парков и заповедников. Один из них – Баргузи́нский заповедник в Сибири. Этот заповедник был основан уже в 1916 году. Он находится на северо-восточном побере́жье Байка́ла, между озером и Баргузинским хребто́м. Его о́бщая пло́щадь 374 300 гектаров.

Горы в заповеднике грандиозны. Они занимают почти половину его территории. Верши́ны гор не имеют расти́тельности. Скло́ны гор покрывают непроходимые за́росли ке́дрового стла́ника, а ещё ниже, до самого Байкала – тайга́. Животный и растительный мир Баргузинского края, его гор, тайги, озёр и рек богат и своеобра́зен. Охраняются здесь 39 видов зверей, 260 видов птиц и 850 видов растений. Наиболее интересными животными для этих мест считаются бу́рый медве́дь – символ Сибири и всей России – и со́боль.

В советское время государство интересовалось пре́жде всего́ освое́нием приро́дных бога́тств. Охрана природы и сохранение здоровья населения не имели большого значения. Поэтому после распа́да Сове́тского Сою́за в 1991 году большие территории были экологически нездоровы. Многие люди, которые живут в этих регионах, больны. Некоторые дети рожда́ются инвалидами. Поэтому сегодня все мероприятия правительства Российской Федерации для охра́ны окружа́ющей среды́ и природы спосо́бствуют поддержа́нию и, в пе́рвую о́чередь, восстановле́нию приро́дных усло́вий. Но для решения этих проблем нужны большие деньги.

заповéдник Naturschutzgebiet

приро́да Natur

необходи́м notwendig, unentbehrlich

сохране́ние Erhaltung

удовлетворе́ние потре́бностей Befriedigung der Bedürfnisse

сырьё Rohstoffe

бе́режно behutsam, vorsichtig, schonend

разу́мно vernünftig

побере́жье Ufer

хребе́т Gebirgskette

о́бщая пло́щадь Gesamtfläche

верши́на Gipfel

расти́тельность Vegetation

склон Hang

за́росль Gestrüpp

ке́дровый стла́ник Zirbelkieferranke

своеобра́зен ungewöhnlich

бу́рый медве́дь Braunbär

со́боль Zobel

пре́жде всего́ vor allem

освое́ние приро́дных бога́тств Erschließung der Naturreichtümer

распа́д Zerfall

рожда́ться geboren werden

охра́на окружа́ющей среды́ Umweltschutz

спосо́бствовать fördern

поддержа́ние Erhaltung

в пе́рвую о́чередь in erster Linie

восстановле́ние Wiederherstellung

приро́дные усло́вия natürliche Bedingungen

~ 230 слов

Соболь – маленький зверёк

Со́боль – маленький зверёк, очень осторо́жный хи́щник. Июль – это месяц соболиных сва́деб. Соболята рожда́ются в Баргузи́нском запове́днике обычно в апреле. Бывает их от одного до семи, но обычно три или четыре. Соболята рождаются розовыми, слепы́ми и беспомощными. На тридцать шестой день они начинают видеть. А через 50 дней выбираются из гнезда́ на свою первую охо́ту. К середине октября у них отрастает зимний мех. И тогда по всей сибирской земле, кроме территории заповедника, начинается охота на соболя.

Соболиные меха высоко це́нятся не только за свою красоту. Соболиный мех очень практичен. Он продаётся не только в России. На международных меховых аукционах сибирский соболь пользуется большим спро́сом.

Немалая заслу́га Баргузинского заповедника состоит в том, что чи́сленность соболя почти полностью восстано́влена. С 1940 года соболь опять засели́л всю территорию заповедника и близлежа́щие районы.

со́боль Zobel
осторо́жный vorsichtig
хи́щник Räuber
сва́дьба Hochzeit
рожда́ться geboren werden
запове́дник Naturschutzgebiet
слепо́й blind
гнездо́ Nest
охо́та Jagd
мех Fell
цени́ться geschätzt werden
спрос Nachfrage
заслу́га Verdienst
чи́сленность Anzahl
восстано́влен wiederhergestellt
засели́ть *v.* besiedeln
близлежа́щий nahe gelegen

~ 130 слов

Соболь.

Российская Федерация (1997)

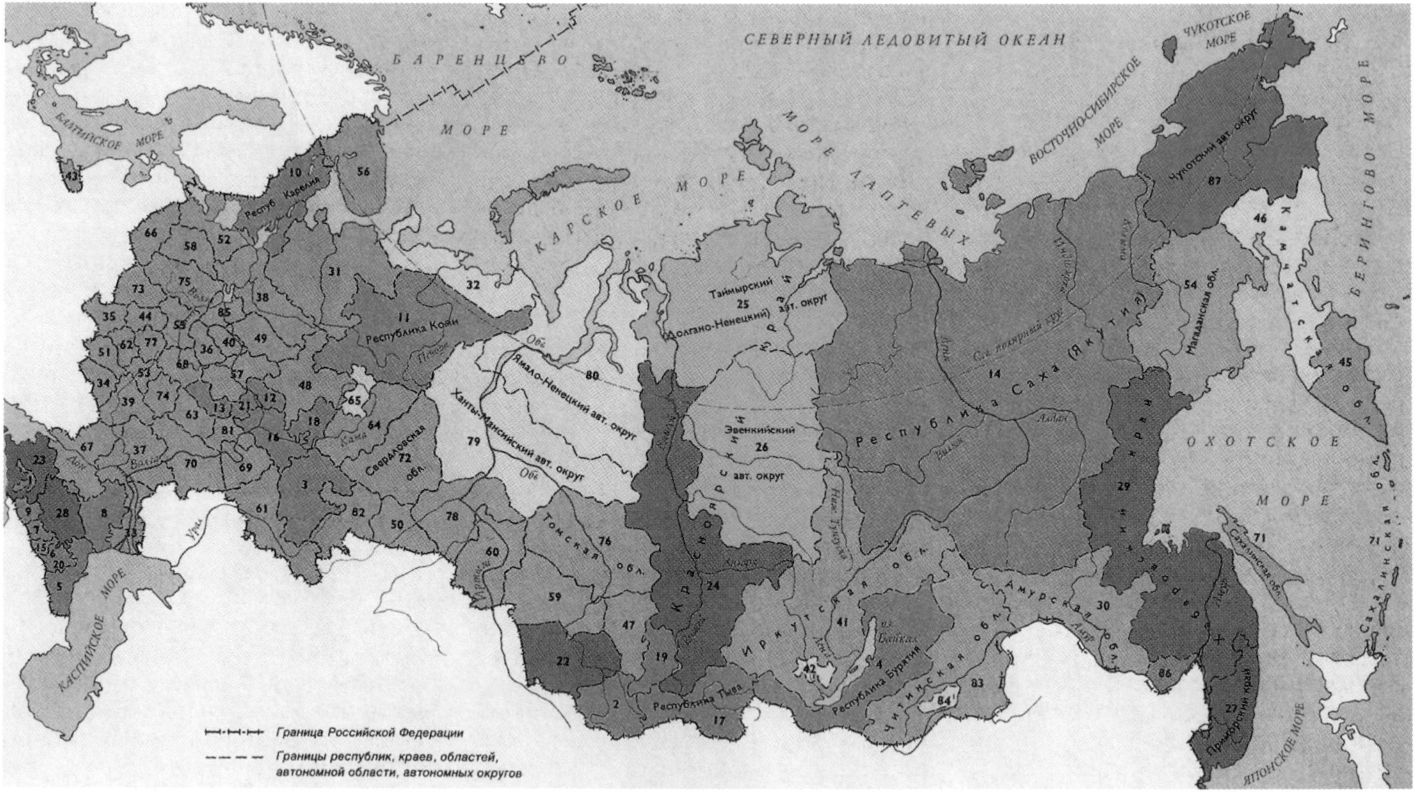

Административно-территориальное деление

Респу́блики
1. Респу́блика Адыге́я
2. Респу́блика Алта́й
3. Респу́блика Башкортоста́н
4. Респу́блика Буря́тия
5. Респу́блика Дагеста́н
6. Респу́блика Ингуше́тия
7. Кабарди́но-Балка́рская Респу́блика
8. Респу́блика Калмы́кия
9. Карача́ево-Черке́сская Респу́блика
10. Респу́блика Каре́лия
11. Респу́блика Ко́ми
12. Респу́блика Ма́рий Эл
13. Респу́блика Мордо́вия
14. Респу́блика Саха́ (Яку́тия)
15. Респу́блика Се́верная Осе́тия – Ала́ния
16. Респу́блика Татарста́н
17. Респу́блика Ты́ва
18. Удму́ртская Респу́блика
19. Респу́блика Хака́сия
20. Чече́нская Респу́блика
21. Чува́шская Респу́блика

Края́
22. Алта́йский край
23. Краснода́рский край
24. Красноя́рский край
25. Таймы́рский (Долга́но-Не́нецкий) автоно́мный о́круг
26. Эвенки́йский автоно́мный о́круг
27. Примо́рский край
28. Ставропо́льский край
29. Хаба́ровский край

О́бласти
30. Аму́рская о́бласть
31. Арха́нгельская о́бласть
32. Не́нецкий автоно́мный о́круг
33. Астраха́нская о́бласть
34. Бе́лгородская о́бласть
35. Бря́нская о́бласть
36. Влади́мирская о́бласть
37. Волгогра́дская о́бласть
38. Волого́дская о́бласть
39. Воро́нежская о́бласть
40. Ива́новская о́бласть
41. Ирку́тская о́бласть
42. Усть-Орды́нский Буря́тский автоно́мный о́круг
43. Калинингра́дская о́бласть
44. Калу́жская о́бласть
45. Камча́тская о́бласть
46. Коря́кский автоно́мный о́круг
47. Ке́меровская о́бласть
48. Ки́ровская о́бласть
49. Костромска́я о́бласть
50. Курга́нская о́бласть
51. Ку́рская о́бласть
52. Ленингра́дская о́бласть
53. Ли́пецкая о́бласть
54. Магада́нская о́бласть
55. Моско́вская о́бласть
56. Му́рманская о́бласть
57. Нижегоро́дская о́бласть
58. Но́вгородская о́бласть
59. Новосиби́рская о́бласть
60. О́мская о́бласть
61. Оренбу́ргская о́бласть
62. Орло́вская о́бласть
63. Пе́нзенская о́бласть
64. Пе́рмская о́бласть
65. Ко́ми-Пермя́цкий автоно́мный о́круг
66. Пско́вская о́бласть
67. Росто́вская о́бласть
68. Ряза́нская о́бласть
69. Сама́рская о́бласть
70. Сара́товская о́бласть
71. Сахали́нская о́бласть
72. Свердло́вская о́бласть
73. Смоле́нская о́бласть
74. Тамбо́вская о́бласть
75. Тверска́я о́бласть
76. То́мская о́бласть
77. Ту́льская о́бласть
78. Тюме́нская о́бласть
79. Ха́нты-Манси́йский автоно́мный о́круг
80. Яма́ло-Не́нецкий автоно́мный о́круг
81. Улья́новская о́бласть
82. Челя́бинская о́бласть
83. Чити́нская о́бласть
84. Аги́нский Буря́тский автоно́мный о́круг
85. Яросла́вская о́бласть
86. Евре́йская автоно́мная о́бласть
87. Чуко́тский автоно́мный о́круг

Российская Федерация

12 июня

12 июня – новый государственный праздник в Росси́и. В этот день в 1990 году Россия объявила свой суверенитет, свою государственную незави́симость. Росси́йская Сове́тская Федерати́вная Социалисти́ческая Респу́блика большого Сове́тского Сою́за стала независимым государством с названием Росси́йская Федера́ция (Россия). А через год население России избрало своего первого президента: Бори́са Е́льцина.

незави́симость Unabhängigkeit

~ 50 слов

Россия – большая страна

территория: 17 миллионов квадратных километров – самая большая страна мира

население: 147,74 миллиона жителей 130 национальностей: 81,5 % русских, 3,8 % татар, 3,0 % украинцев ...

административно-территориальное деление: 21 республика, 6 краёв, 49 областе́й, 1 автономная о́бласть, 10 автономных о́кругов, 2 го́рода феде́рального значе́ния (Москва́ и Санкт-Петербу́рг)

география: Россия занимает четыре пятых Восто́чно-Европе́йской равни́ны и всю Се́верную часть А́зии и имеет огромные приро́дные бога́тства: ка́менный у́голь, нефть, приро́дный газ, желе́зную и ме́дную руду́, цветны́е мета́ллы, золото, алма́зы;

климат: в основном уме́ренный и континентальный, на севере арктический и в некоторых южных регионах субтропический; представлены почти все приро́дные зо́ны и 11 часовы́х поясо́в

конституция: президент избира́ется народом (впервые 12 декабря 1993 года) и имеет огромную власть (в его аппарате были в 1997 году 4000 работников), парламент состоит из двух пала́т: Сове́та Федера́ции (178 депута́тов) и Госуда́рственной Ду́мы (450 депутатов).

край Region
о́бласть Gebiet
о́круг Kreis
го́род федера́льного значе́ния Stadt mit Sonderstatus

Восто́чно-Европе́йская равни́на Osteuropäische Tiefebene
приро́дные бога́тства Naturreichtümer, Bodenschätze
ка́менный у́голь Steinkohle
нефть Erdöl
приро́дный газ Erdgas
желе́зная и ме́дная руда́ Eisen- und Kupfererz
цветны́е мета́ллы Buntmetalle
алма́з Diamant
уме́ренный gemäßigt
приро́дная зо́на Vegetationszone
часовы́е пояса́ Zeitzonen
избира́ться gewählt werden

пала́та Kammer
Сове́т Федера́ции Föderationsrat
Госуда́рственная Ду́ма Staatsduma

~ 135 слов

Российский губернатор

губерна́тор Gouverneur

Российский губернатор – кто это? Какую функцию он имеет сегодня в огромной по территории, многонациональной и федеративной России?

В Российской Федерации 89 субъектов. Такие субъекты, например, Респу́блика Башкортоста́н, Красноя́рский край, О́мская о́бласть, Яма́ло-Не́нецкий автоно́мный о́круг, Евре́йская автономная область и два го́рода федера́льного значе́ния – Москва́ и Санкт-Петербу́рг. Главы субъектов – президенты республик, губернаторы краёв и областей и мэры двух федеральных городов – представлены в Сове́те Федера́ции. Этот орган государственной власти решает проблемы регионов огромной страны. Он наиболее компетентный и работает очень эффективно на бла́го России. Почему это так?

край Region
о́бласть Gebiet
о́круг Kreis
го́род федера́льного значе́ния Stadt mit Sonderstatus
Сове́т Федера́ции Föderationsrat
бла́го Wohl

Первые губернаторы появились в России при Петре́ I. Тогда было 20 губе́рний. В 1775 году Екатери́на II создала по всей территории России 51 губернию, в зависимости от числа́ жителей. Каждая губерния имела от 300 000 до 400 000 жителей. В 1914 году в состав России входили 101 губерния, область, округ.

Пётр I *Peter I.* (1672 – 1725), erster russ. Imperator
губе́рния Gouvernement
Екатери́на II *Katharina II.* (1729–1796), russ. Imperatorin
число́ Zahl

Главной особенностью губернаторства в России было то, что оно, как и самодержа́вие, было властью харизматической. Жители провинции думали, что губернатор как непосре́дственный представи́тель царя, имеет особые, сверхъесте́ственные способности. Губернаторы были высокого сосло́вного происхожде́ния, имели крупные земельные владе́ния, а также элитарные семейные и дружеские связи. В своей губернии губернатор отвечал за всё. Таким образом, губернатором мог быть только такой человек, который умел находить правильные практические решения в нужный момент и в любой ситуации.

самодержа́вие Selbstherrschaft, Autokratie, Absolutismus
непосре́дственный представи́тель direkter Vertreter
сверхъесте́ственный übernatürlich
сосло́вный Standes- (*in Zus.*)
происхожде́ние Herkunft, Abstammung
владе́ние Besitz

Сегодня российский губернатор уже не имеет столько власти, как в конце XIX ве́ка. Он должен соблюдать баланс региональных и государственных интересов и отвеча́ть за результаты

век Jahrhundert
отвеча́ть sich verantworten, Rechenschaft ablegen

своей работы перед государством и перед населением, которое его избрало.

Эта ситуация привела в 1993 году даже к тому, что некоторые регионы провозгласи́ли свою незави́симость от центра России, от Москвы, как например: «Ура́льская респу́блика», «Сиби́рская республика» и «Дальневосто́чная республика». Как и другие бы́вшие союзные и автономные республики Сове́тского Сою́за (например: Гру́зия, Казахста́н, Татарста́н, Чече́нская Республика) они боро́лись за свою экономическую независимость от Москвы. Все они хотели самостоятельно распоряжа́ться своими поле́зными ископа́емыми и не отдавать больше всю при́быль от промышленной продукции в Москву. Президент Б. Е́льцин заключил с глава́ми всех административных единиц Российской Федерации «Федеральный договор о правах и обязанностях субъектов Российской Федерации».

Путём демократических вы́боров избираются сегодня на пост губернатора только самые компетентные и предприи́мчивые люди региона, настоящие лидеры.

Федеральный закон установи́л критерии, которые должен выполнить кандидат в губернаторы: соответствующее образование, зре́лый возраст (минимум 30 лет), о́пыт хозя́йственной и управле́нческой работы определённой длительности и определённого у́ровня (минимум 3 года) и необходимость проживания в регионе на протяже́нии определённого времени.

В тяжёлое время перехода России на рыночное хозяйство губернатор забо́тится обо всём. Он тесно связан с основными предприя́тиями своего региона, с коммерческими структурами, с распределе́нием со́бственности, и отвечает за ресурсы всего региона. Кроме того, губернатор должен обеспе́чить жизнь населения в своём регионе. Он отвечает за снабже́ние электроэнергией, за функционирование системы здравоохране́ния, за систему образования, за социальную защи́ту нужда́ющихся, за безопа́сность на улицах, за все виды транспорта и так далее.

провозгласи́ть *v.* verkünden
незави́симость Unabhängigkeit
бы́вший ehemalig
боро́ться kämpfen
распоряжа́ться verfügen
поле́зные ископа́емые Bodenschätze
при́быль Gewinn
глава́ Oberhaupt
вы́боры Wahlen
предприи́мчивый *hier:* unternehmerisch denkend
установи́ть *v.* festlegen
зре́лый reif
о́пыт Erfahrung
хозя́йственный Wirtschafts- (*in Zus.*)
управле́нческий Leitungs- (*in Zus.*)
у́ровень Niveau
на протяже́нии im Verlaufe
забо́титься sich kümmern, sorgen
предприя́тие Werk, Betrieb
распределе́ние Verteilung
со́бственность Eigentum
обеспе́чить *v.* sicherstellen
снабже́ние Versorgung
здравоохране́ние Gesundheitswesen
защи́та Schutz
нужда́ющийся Bedürftiger
безопа́сность Sicherheit

~ 460 слов

Сегодня в России

Богучаны – адрес жизнестойкости

жизнестóйкость Lebenskraft

Ангарá – одна из самых больших рек Сиби́ри. Её вода очень чи́стая. Она вытекáет из самого глубокого озера мира – из Байкáла, течёт на север и впадáет в Енисéй. Этот регион – Востóчная Сибирь – имеет богатые прирóдные ресурсы. Но их освоéние сложно. Там сурóвый климат севера, сложный горный рельеф и многолетняя мерзлотá. Надо применя́ть особые методы и специальные материалы для построения зданий, шоссе и желéзных дорóг, чтобы они в летнее время не разрушáлись.

Самое главное для освоения природных богатств – это энергия. Только на этой основе могут развивáться электроэнергетика, металлургия, химическая и леснáя промы́шленности.

чи́стый sauber, rein
вытекáть entspringen
впадáть münden
прирóдный Natur- (*in Zus.*)
освоéние Erschließung
сурóвый rau
мерзлотá Dauerfrost
применя́ть anwenden
желéзная дорóга Eisenbahn
разрушáться zerstört werden
развивáться sich entwickeln
леснóй Holz- (*in Zus.*)
промы́шленность Industrie

В единой энергетической системе Восточной Сибири уже есть три крупнéйшие гидроэлектростáнции (ГЭС) на Ангаре: Иркýтская, Брáтская и Усть-Или́мская. В 1976 году начали строить ещё одну новую, мóщную гидроэлектростанцию – Богучáнскую ГЭС. Она будет базовой станцией

крупнéйший riesengroß
гидроэлектростáнция Wasserkraftwerk
мóщный leistungsstark

для развития индустриального комплекса Ни́жнего Приангáрья. Уже есть проекты для добы́чи золота, нéфти, прирóдного гáза, алюминия, леса, бокситов и других ресурсов в этом регионе.

Первые два агрегата гидроэлектростанции должны начать работать в 1999 году. А в будущем будут работать девять агрегатов, которые будут давать 3 тысячи мегаватт-часов мóщности. Как можно строить такую большую гидроэлектростанцию в такое тяжёлое для России время, когда везде не хватáет дéнег? Юрий Сахарнов, президент Акционéрного óбщества «БОГУЧАНГЭССТРОЙ», рассказывает:

«С 1993 года Богучанская ГЭС не получает ни одного рубля живы́ми деньгáми! Но такой громадный объект может строить только вся страна (как в советское время строили Братскую ГЭС или Байкáло-Аму́рскую магистрáль). А получилось так, что мы в 1993 году не могли платить рабочим зарплáту за семь месяцев! Что делать? Я решил поехать сам в Москву и попросить в министерстве денег, чтобы продолжáть строительство и платить рабочим зарплаты. В Москве я был у всех министров, которые связаны с нашей стройкой. Я был и у премьер-министра и даже у Президента! Все меня внимательно слушали и обещáли помочь. Я успокóился и поехал домой. Но эти чинóвники, бюрократы вы́сшего клáсса, потрéбовали всякие документы. Они хотели, например, чтобы мы ещё раз подсчитáли и доказáли экономи́ческую целесообрáзность этой гидроэлектростанции! За последние три-четыре года мы поняли, что денег нет и скоро не будет. Нужно было что-то приду́мать, чтобы помочь людям и продолжать великое дело.

В этой ситуации нам помогло одно обстоя́тельство. Сегодня энергия нужна всем, а платить живыми деньгами никто не может. Тут и оказался вы́ход из положéния: езжай по стране и договáривайся с предприя́тиями, у которых нет денег, чтобы заплатить за электроэнергию. Нам пришлóсь полностью перестраивать всю организационную структуру предприятия. В тех городах, откуда мы должны были получать строй-

добы́ча Förderung
нефть Erdöl
прирóдный газ Erdgas

мóщность Kapazität
не хватáет дéнег es fehlt das Geld
акционéрное óбщество Aktiengesellschaft (AG)
живы́е дéньги Bargeld
зарплáта Lohn, Gehalt

продолжáть fortsetzen

обещáть versprechen
успокóиться *v.* sich beruhigen
чинóвник Beamter
вы́сший класс *hier:* höchster Güte, durch und durch
потрéбовать *v.* fordern, verlangen
подсчитáть *v.* durchrechnen
доказáть *v.* beweisen, nachweisen
экономи́ческая целесообрáзность wirtschaftliche Zweckmäßigkeit
приду́мать *v.* sich ausdenken
обстоя́тельство Umstand

вы́ход Ausweg
положéние Lage
договáриваться absprechen, vereinbaren
предприя́тие Werk, Betrieb
нам пришлóсь wir mussten
стрóительные материáлы Baumaterialien

тельные материáлы, машины или обору́дование для гидроэлектростанции, мы создавали свои представи́тельства. Наши представители договаривались с мéстными заводами по принципу: мы обеспéчим вас электроэнергией, а вы платите за это машинами, которые вы произвóдите. Кроме того, надо было ещё договариваться и с железной дорогой о транспорте, и с деревнями о проду́ктах питáния для рабочих и их семей и так далее… Такое большое предприятие должно фактически обо всём забóтиться! Так мы и живём зачётами, векселями, бáртером. Вот по такой системе наш громадный десятитысячный коллектив решает любую задачу.

Кто у нас работает? Многие из них уже строили Братскую, Усть-Илимскую или Красноярскую ГЭС. На первое строительство они приехали по комсомóльской путёвке, когда им было 20 – 25 лет. Сегодня им 40 – 45 лет. Это самые хорошие специалисты, которые и сегодня ещё работают с большим энтузиазмом – хотя и не всегда получают зарплату. Они считáют, что безвы́ходных ситуаций не бывает.

Жёны специалистов работают преподавáтелями в современных школах, которые построило наше предприятие.

Дети специалистов учатся у нас. У нас свои тéхникумы. Вы́сшее образовáние наши дети получают в институтах Красноя́рска, Самáры, Москвы́, Новосиби́рска. Почти все возвращáются. Так мы готовим свои кадры.

Мы выпускаем свою газету, имеем своё телевидение. Мы строим дéтские сады́ с плавательными бассейнами, жилы́е домá и бетонные дорóги… Мы помогаем всему региону: строим мосты́ и дороги в тайге.

Часто приезжают к нам гости – энергетики из Фрáнции, Гермáнии, Канáды. Они очень удивля́ются и не могут понять, как можно без живых денег строить такую громадную гидроэлектростанцию!»

обору́дование Ausrüstung
представи́тельство Vertretung
мéстный örtlich
обеспéчить *v.* versorgen
производи́ть herstellen, produzieren
проду́кты питáния Lebensmittel
забóтиться sich kümmern, sorgen
зачёт Anrechnung
бáртер bargeldloser Waren- und Dienstleistungstausch
комсомóльская путёвка Anweisungsschein des kommunistischen Jugendverbandes (Komsomol)
считáть meinen
безвы́ходный ausweglos
преподавáтель – учитель
тéхникум technische Fachschule
вы́сшее образовáние Hochschulbildung
возвращáться zurückkehren
дéтский сад Kindergarten
жилóй дом Wohnhaus
дорóга Straße, Weg
мост Brücke
удивля́ться sich wundern

~ 645 слов

Север

Север – это снег, холод, ветры, длинная полярная ночь. Расти́тельный мир здесь беден. К этому суро́вому климату привы́кли люди, которые там уже давно живут. Со временем они сформировали свой о́браз жи́зни.

Сегодня северные народы живут не только на севере России, но и в Скандина́вии, в Се́верной Аме́рике и в Кана́де. Все они страда́ют от того, что приезжают чужие люди, которые хотят эксплуати́ровать приро́дные бога́тства их родины современными методами. Поэтому для маленьких народов остаётся всё меньше места для жизни.

На Севере России живут следующие народности: каре́лы, ко́ми, ко́ми-пермяки́, не́нцы, яку́ты, эве́ны, эве́нки, коря́ки, ха́нты, ма́нси, ке́ты, сельку́пы и другие.

расти́тельный мир Vegetation
суро́вый rau
привы́кнуть *v.* sich gewöhnen
о́браз жи́зни Lebensweise
страда́ть leiden
эксплуати́ровать ausnutzen
приро́дные бога́тства Naturreichtümer, Bodenschätze
оста́ться *v.* bleiben

~ 100 слов

Полуостров Ямал

полу́остров Halbinsel

Полу́остров Яма́л находится на севере За́падной Сиби́ри в зоне тундры и лесотундры. Он омыва́ется Ка́рским мо́рем. Берега ни́зменные, пове́рхность равни́нная. Люди занимаются рыболо́вством и оленево́дством. Но в 60-е годы были открыты огромные за́лежи приро́дного га́за и не́фти.

Ямал – геологически молодая часть российского Се́вера. Природные комплексы здесь молодые, их разви́тие ещё не закончено. Поэтому здесь природа и земля реагируют на всякие изменения окружа́ющей среды́ чувстви́тельнее, чем другие регионы А́рктики.

Среди людей, которые приезжают на Север, чтобы заработать «большие деньги», есть и такие, которых не интересуют ни прекрасная природа Севера, ни традиции и обы́чаи коренны́х северя́н. И, если такому человеку захочется порыба́чить или поохо́титься, он долго не думает. Он садится в свою машину (в вездехо́д) и едет 50 или 60 километров. При этом он «забывает», что гу́сеницы вездехода навсегда уничтожа́ют

омыва́ться umspült werden
ни́зменный tiefliegend, niedrig gelegen
пове́рхность Oberfläche
равни́нный flach, eben
рыболо́вство Fischfang
оленево́дство Rentierzucht
за́лежи *Pl.* Vorkommen
приро́дный газ Erdgas
нефть Erdöl
разви́тие Entwicklung
окружа́ющая среда́ Umwelt
чувстви́тельный empfindlich
обы́чай Brauch
коренно́й северя́нин Ureinwohner des Nordens
порыба́чить *v.* ein wenig angeln
поохо́титься *v.* ein wenig jagen
вездехо́д Geländefahrzeug
гу́сеница Raupenketten
уничтожа́ть vernichten

чувствительный расти́тельный покро́в летней тундры.

Поэтому все проекты освое́ния приро́дных бога́тств Российского Севера обязательно должны взве́шивать экономические и экологические факторы данной экосистемы. Только тогда можно избежать экологической катастрофы, от которой в пе́рвую о́чередь пострада́ют коренные северяне.

расти́тельный покро́в Pflanzendecke
освое́ние Erschließung
приро́дные бога́тства Naturreichtümer, Bodenschätze
взве́шивать abwägen
в пе́рвую о́чередь in erster Linie
пострада́ть *v.* leiden

~ 165 слов

Ненцы

не́нец Nenze

Не́нцы – один из коренны́х наро́дов Се́вера Росси́и. Их всего 34 000 человек. Уже в XI ве́ке они имели контакты с русскими. В начале XVII века они попа́ли в зави́симость от моско́вских царей. Они живут на огромной территории на севере России, на берегу Се́верного Ледови́того океа́на на полуо́строве Яма́л.

На языке коренных жителей слово «Яма́л» значит «край Земли». Ненцы думали, что дальше начинается Вселе́нная. Всё дальше к северу расте́ния становятся всё меньше и меньше и потом совсем исчеза́ют.

В своих ска́зках ненцы рассказывают о том, как Солнце совершает свой круг верхо́м на белом северном оле́не. Самый великий бог у северян – бог Солнца Нум. Ненцы думают, что они все дети этого бога. Поэтому они часто смотрят в не́бо и думают о звёздах.

На земле у каждого ро́да, у каждой семьи свой покрови́тель в живой приро́де. Это, например: орёл, медве́дь, ле́бедь или щу́ка. Все члены одного рода обожествля́ют своего покровителя, не охо́тятся на него и не едят его мясо.

С детства воспитывается осторо́жное и бе́режное отношение к природе. Если, например, ребёнок находит гнездо́ с яйцами, он должен обязательно не только оста́вить там два яйца, но и не тро́гать их. Если он их будет трогать рукой, тогда птица-мать их оставит, и маленькие птицы поги́бнут. Это значит, что от одного прикосно-

коренно́й наро́д Urvolk
век Jahrhundert
попа́сть *v.* gelangen
зави́симость Abhängigkeit
полуо́стров Halbinsel
край *hier:* Ende, Rand
Вселе́нная Weltall, Universum
расте́ние Gewächs
исчеза́ть verschwinden
ска́зка Märchen
верхо́м на оле́не auf einem Rentier reitend
бог Gott
не́бо Himmel
звезда́, *Pl.* звёзды Stern
род Sippe
покрови́тель Beschützer, Schutzheiliger
приро́да Natur
орёл Adler
медве́дь Bär
ле́бедь Schwan
щу́ка Hecht
обожествля́ть vergöttern
охо́титься jagen
осторо́жный vorsichtig
бе́режный behutsam
гнездо́ Nest
оста́вить *v.* zurücklassen
тро́гать berühren
поги́бнуть *v.* umkommen, zugrunde gehen
прикоснове́ние Berührung

Чумы оленеводов.

ве́ния может зави́сеть жизнь. Поэтому надо сначала подумать, прежде чем трогать что-либо живое.

Летом ненцы живут в чу́ме около реки и ло́вят ры́бу, а зимой кочу́ют с оленями. Когда ма́льчику исполня́ется 4 го́да, он ходит с отцом на «работу», и они делают всё вместе. Так дети учатся.

зави́сеть abhängen

чум Zelt aus Rentierfellen
лови́ть ры́бу fischen, angeln
кочева́ть umher ziehen, nomadisieren
ма́льчику исполня́ется 4 го́да ein Junge wird vier Jahre alt

~ 250 слов

Олени

оле́нь Rentier

Для тех, кто живёт в ту́ндре, оле́нь – это жизнь. Олень ко́рмит, одевает и ле́чит людей (рога́ молодых оленей – панты – содержат целе́бные вещества́). Не́нец рожда́ется рядом с оленем, всю жизнь трудится рядом с ним, а когда умирает, его на оленях везут на холмер – так называется кла́дбище.

Уже во втором тысячелетии до на́шей э́ры жители Яма́ла начали заниматься оленево́дством. С тех пор живут здесь вместе олени и ненцы. Об этой тяжёлой жизни рассказывают в ска́зках и поют в песнях.

На родине ненцев – в Яма́ло-Не́нецком автоно́мном о́круге – находятся крупные месторожде́ния не́фти и газа. Их промы́шленная разрабо́тка принесла не только миллиарды нефтедолларов, но и огромные поте́ри. На территории в шесть миллионов гектаров полноце́нных сельскохозя́йственных уго́дий стали добыва́ть нефть. И на ещё одном миллионе гектаров планируется строительство магистра́льных газопрово́дов и желе́зной доро́ги.

корми́ть ernähren
лечи́ть heilen
рог Geweih
целе́бное вещество́ heilende Stoffe
рожда́ться geboren werden

кла́дбище Friedhof

до на́шей э́ры vor unserer Zeitrechnung
оленево́дство Rentierzucht
с тех пор seitdem

ска́зка Märchen

о́круг Kreis
месторожде́ние Vorkommen
нефть Erdöl
промы́шленная разрабо́тка industrielle Nutzung
поте́ря Verlust
полноце́нный vollwertig
сельскохозя́йственное уго́дие landwirtschaftliche Nutzfläche
добыва́ть fördern
магистра́льный газопрово́д Gasfernleitung
желе́зная доро́га Eisenbahn

Поэтому всё больше сокраща́ются па́стбища для оленей. Но есть ещё и другая, не менее важная причи́на.

Учёные говорят, что на территории полуо́строва Ямал можно содержать 26000 оленей. Сейчас есть 16 800 совхозных и более 27 000 личных оленей. Всего около 44000 оленей. Это намного больше. В связи с этим полуостров Ямал теря́ет каждый год многие гектары пастбищ. Почему это так? Это так, потому что арктическая расти́тельность не может восстана́вливаться так быстро. Например, я́гель, который так любят олени, растёт за год только несколько миллиметров. Чтобы он дости́г высоты в 6–8 сантиметров, нужно 40 – 50 лет!

сокраща́ться sich verringern
па́стбище Weideland
причи́на Grund
учёный Wissenschaftler
полуо́стров Halbinsel
теря́ть verlieren
расти́тельность Vegetation
восстана́вливаться sich erneuern, sich regenerieren

я́гель Rentiermoos
дости́гнуть *v.* erreichen
~ 220 слов

Прожиточный минимум

прожи́точный ми́нимум Existenzminimum

В связи́ с переходом России к ры́ночной эконо́мике с 1991 года резко уху́дшился жизненный уровень населения.

Летом 1996 года учёные составили набо́р проду́ктов пита́ния, который теоретически необходим сре́днему россия́нину в день для поддержа́ния жи́зненных сил. Тогда в этот набор входили:
- че́тверть бато́на белого и четверть буха́нки чёрного хлеба,
- 400 г картофеля,
- 50 г пшённой крупы́,
- 20 г вермише́ли,
- 100 г сахара,
- 20 г расти́тельного и чуть-чуть (на один бутерброд) сли́вочного ма́сла,
- 100 г мяса,
- 6,3 г варёной колбасы́,
- 3 г полукопчёной колбасы,
- пол-литра молока,
- чайная ложка смета́ны,
- 5,4 г сыра,
- 80 г свежей капу́сты,
- 3 кружочка ре́пчатого лу́ка,
- пол-яйца,
- 30 г яблок.

в связи́ с in Verbindung mit
ры́ночная эконо́мика Marktwirtschaft
уху́дшиться *v.* sich verschlechtern
учёный Wissenschaftler
набо́р проду́ктов пита́ния eine Auswahl an Lebensmitteln
сре́дний *hier:* durchschnittlich
поддержа́ние Aufrechterhaltung
жи́зненная си́ла Lebenskraft
че́тверть Viertel
бато́н Laib (Weißbrot)
буха́нка Laib (Schwarzbrot)
пшённая крупа́ Hirse(graupen)
вермише́ль Fadennudeln
расти́тельное ма́сло Pflanzenöl
сли́вочное ма́сло Butter
варёная колбаса́ Kochwurst
полукопчёный halb geräuchert
смета́на saure Sahne
капу́ста Kohl
ре́пчатый лук Knollenzwiebel

Этот очень странный набор продуктов помогает учёным высчитывать прожиточный минимум для жителей России.

Многие думают, что дешевле всего можно жить в южных областя́х России, потому что там в каждом саду или огороде растут фрукты и овощи.

о́бласть Gebiet

В абсолютно денежном выражении дороже всего жить на Да́льнем Восто́ке, в городе Южно-Сахали́нск на острове Сахали́н. Но если сравнить у́ровень дохо́дов населения в различных регионах, тогда станет ясно, что в южных регионах жизнь не такая уж «дешёвая», как кажется на пе́рвый взгляд. Почему это так?

у́ровень Niveau, Höhe
дохо́д Einkommen
на пе́рвый взгляд auf den ersten Blick

Потому что среднестатисти́ческий житель Росто́ва-на-Дону́ или Ста́врополя может купить себе на свои доходы два набора из 18 основных продуктов питания.

среднестатисти́ческий Durchschnitts- (*in Zus.*)

Среднестатистический житель в Южно-Сахалинске, в Ирку́тске или в Ке́мерове может купить себе даже три.

А среднестатистический житель в Тюме́ни может купить себе на свои доходы даже восемь наборов!

К сожалению, это только цифры. Но почему эта теоретическая статистика не даёт достове́рной информации о реальной жизни россиян?

достове́рный zuverlässig

Дело вот в чём: продукты надо покупать за деньги и каждый день! А доходы выпла́чиваются, во-первых, нерегулярно и, во-вторых, только части́чно нали́чными деньга́ми.

выпла́чиваться ausgezahlt werden
части́чно teilweise, zum Teil
нали́чные де́ньги Bargeld

Только тогда, когда доходы будут выплачиваться реальными деньгами, только тогда среднестатистический житель может споко́йно работать и нормально жить.

споко́йно ruhig

~ 235 слов

Летние каникулы в России

Как и многие другие страны Россия тоже подписала Международную конвенцию о права́х ребёнка. Там написано, что и дети имеют право на о́тдых и на праздник. Как проводят дети в России свои каникулы? Для этого есть разные возможности.

пра́во Recht
о́тдых Erholung

Обычно бабушки забо́тятся во время летних каникул о своих вну́ках. Некоторые родители отправля́ют своих детей летом к бабушке в деревню. Но это не всем детям нравится, потому что там «ску́чно».

Очень богатые родители имеют возможность поехать вместе со своими детьми за грани́цу, например, в Ту́рцию или на Кана́рские острова́.

Другие родители могут обратиться в специальную организацию при прави́тельстве. Эта организация поможет родителям отправить своего ребёнка в за́городный лагерь, на ба́зу о́тдыха, в санаторий или в городской спортивный клуб. В городских лагерях с детьми занимаются в небольших группах, играют с ними во дворе, ходят с ними в кино, ко́рмят обе́дом. Родители могут споко́йно работать и по вечерам забира́ть своих детей домой.

Для школьников-подро́стков, которые стремятся к экономической самостоятельности, создаются рабо́чие места́. В таких летних лагеря́х труда́ и о́тдыха подростки в возрасте от 14 лет зараба́тывают хорошие деньги.

Теперь уже не ре́дкость, что более богатые родители отправляют своих маленьких детей-школьников на целое лето с ня́ньками на дачи.

Есть ещё возможность совсем по-другому провести каникулы. Воспи́танники воскре́сной шко́лы при одном из московских хра́мов имеют возможность поехать в летний лагерь в Приба́лтику. Московский храм имеет те́сные свя́зи с одним из правосла́вных храмов в Прибалтике. И летом они обме́ниваются гру́ппами. В одну сме́ну отдыхают по 10–12 человек. Живут они в пала́тках. Распоря́док дня в этом лагере своеобра́зный: обязательные беседы о Бо́ге, уроки рисования, поси́льная работа и моли́тва перед каждым приня́тием пи́щи. За путёвку на смену (10 дней) родители должны заплатить 40 долларов и ещё около 100 немецких марок за загarни́чный па́спорт. Почему нужно иметь заграничный паспорт? Потому что страны Прибалтики – Литва́, Ла́твия и Эсто́ния – с 1990 года самостоятельные, суверенные государства. Но роди-

забо́титься sich kümmern
внук Enkel
отправля́ть schicken
ску́чно langweilig
за грани́цу ins Ausland
прави́тельство Regierung
за́городный außerhalb der Stadt gelegen
ба́за о́тдыха Erholungsstation
корми́ть обе́дом mit Mittagessen versorgen
споко́йно ruhig
забира́ть abholen
подро́сток Jugendlicher
рабо́чее ме́сто Arbeitsplatz
ла́герь труда́ и о́тдыха Lager für Arbeit und Erholung
зараба́тывать verdienen
ре́дкость Seltenheit
ня́нька Kinderfrau
воспи́танник Zögling
воскре́сная шко́ла Sonntagsschule (der Kirche)
храм Kirche
Приба́лтика Baltikum
те́сная связь enge Verbindung
правосла́вный orthodox
обме́ниваться гру́ппами Gruppen austauschen
сме́на Durchgang (im Lager)
пала́тка Zelt
распоря́док дня Tagesablauf
своеобра́зный originell, eigentümlich
Бог Gott
поси́льный den Kräften entsprechend
моли́тва Gebet
приня́тие пи́щи Essen
путёвка Reise(unterlagen)
заграни́чный па́спорт Auslandspass

тели не жале́ют денег. Они думают, что, может быть, именно этот лагерь станет для ребёнка той нра́вственной базой, которая поможет ему найти ве́рный путь в жизни и свою дорогу к Богу.

(они) не жале́ют де́нег (ihnen) tut das Geld nicht leid
нра́вственный moralisch
ве́рный путь richtiger Weg

Некоторые дети должны во время каникул зарабатывать деньги, чтобы помочь семье. Какие возможности есть для них?

Девочки старших классов могут торгова́ть на ры́нке. Им платят очень хорошо. Но туда берут только по бла́ту. Это значит, что там уже должен работать кто-нибудь из знакомых.

торгова́ть handeln
ры́нок Markt
по бла́ту mit Beziehungen

На другую работу – мо́йку маши́н – берут почти всех, кто хочет. Работа не сложная. Одни носят воду в вёдрах из квартир, другие моют машины. За это они получают от води́телей машин деньги.

мо́йка маши́н Autowäsche
ведро́, *Pl.* вёдра Eimer
води́тель Fahrer

Многие дети проводят свои каникулы про́сто дома: читают, слушают музыку, смотрят телевизор, играют с друзьями …

про́сто einfach

~ 425 слов

Москва. Дети моют машины.

Содру́жество Незави́симых Госуда́рств (СНГ)

Содру́жество Незави́симых Госуда́рств (СНГ) Gemeinschaft Unabhängiger Staaten (GUS)

Из истории СНГ

Росси́йская Федера́ция, как и любая другая страна, хочет жить в хороших отноше́ниях со своими соседями. Поэтому президенты славянских республик Б. Е́льцин (Россия), Л. Кравчу́к (Укра́ина) и С. Шушке́вич (Белору́ссия) подписали уже в декабре 1991 года в Ми́нске Догово́р о сотру́дничестве. К этому «Союзу» хотели присоедини́ться ещё пять азиатских республик: Казахста́н, Узбекиста́н, Туркмениста́н, Таджикиста́н и Кирги́зия. Наконец представи́тели всех республик Советского Союза (кроме Прибалти́йских республик и Гру́зии) встретились в Алма́-Ате́ и подписали 21 декабря 1991 года Соглаше́ние о созда́нии Содружества Независимых Государств (СНГ) и договорились о дальнейшем равнопра́вном политическом, экономическом и военном сотрудничестве. Это означало, что Сою́з Сове́тских Социалисти́ческих Респу́блик (СССР) переста́л существова́ть, и президент СССР Михаи́л Серге́евич Горбачёв объяви́л 25 декабря 1991 года свою отста́вку.

Как развива́лось новое Содружество?

Во-первых, распа́д СССР не привёл к войне – как в Югосла́вии.

Во-вторых, очень быстро стало ясно, что все страны-члены СНГ стара́лись реализовать в пе́рвую о́чередь свои национальные интересы.

В-третьих, была создана правова́я осно́ва для регулирования межгосударственных отношений стран-членов.

Но, к сожалению, органы этого Содружества работали неэффективно. Они не смогли решить многочи́сленные проблемы, которые оста́лись после распада СССР. Например, самая главная

отноше́ния *Pl.* Beziehungen
догово́р Vertrag
сотру́дничество Zusammenarbeit
присоедини́ться *v.* sich anschließen
представи́тель Vertreter
соглаше́ние Vereinbarung
созда́ние Schaffung, Gründung
равнопра́вный gleichberechtigt
Горбачёв М. С. *M. Gorbatschow* (geb. 1931), Präsident der UdSSR 1990–1991
объяви́ть (*v.*) отста́вку den Rücktritt erklären
развива́ться sich entwickeln
распа́д Zerfall
стара́ться sich bemühen
в пе́рвую о́чередь in erster Linie
правова́я осно́ва Rechtsgrundlage
многочи́сленный vielzählig
оста́ться *v.* bleiben

проблема: члены СНГ не хотели больше признавáть и терпéть «руководя́щую роль большого брата (России)», как это было в Советском Союзе за последние 70 лет. Содружество не выполнило свою историческую задачу: интеграция стран-членов и поэтапное налáживание равноправных политических и экономических отношений партнёров. От 1991 года до 1997 года было подписано партнёрами около 700 договоров. Но из них только 10–20 % реализовались.

признавáть anerkennen
терпéть ertragen
руководя́щий führend
налáживание Ordnen, Eintakten

~ 235 слов

Проблемы новых государств

Постоя́нная проблема испóльзования Россией «космического вокзала» в Байконýре, который находится на территории Казахстана, всё ещё не решена.

Президенту Казахстана также не нравится, что вдоль северной границы Казахстана с Сибирью (7000 километров) находятся ополчéния казакóв. Казачьи войска уже при царе охраня́ли границы царской империи. Сегодня молодые казаки служат в российской армии на границе России.

Есть ещё одна проблема, которая осложня́ет отношения между Россией и Казахстаном – это добы́ча газа и нéфти вокруг Каспи́йского мóря.

Другая проблема состоит в том, что в 1996 году только четыре страны-члены СНГ заключили тамóженный сою́з (Российская Федерация, Белоруссия, Казахстан и Киргизия) и что Россия за все прошéдшие годы никогда не договáривалась со своими партнёрами об изменéнии таможенных тарифов. В 1997 году товáрный оборóт между этими партнёрами умéньшился даже на 10%.

Особые проблемы возникли с Грузией в связи́ с тем, что в течение первых двух лет (1992–1993) Россия вывози́ла воéнное оборýдование бы́вшей Совéтской Áрмии с грузинской территории, которое стоило несколько миллиардов долларов. Со стороны России нет компенсации за это до сих

постоя́нный ständig
испóльзование Nutzung
вдоль entlang
ополчéние казакóв militärische Einheiten der Kosaken
охраня́ть beschützen
см. «Казаки», стр. 20
осложня́ть erschweren
добы́ча Förderung
нефть Erdöl
тамóженный сою́з Zollunion
прошéдший vergangen
догавáриваться sich einigen, verabreden
изменéние Veränderung
товáрный оборóт Warenumschlag
умéньшиться *v.* sich verringern
в связи́ с тем, что … in Verbindung damit, dass …
вывози́ть ausführen
воéнное оборýдование Militärausrüstungen
бы́вший ehemalig
до сих пор bis jetzt

пор. Не решены пока ещё проблемы с грузинской провинцией Абха́зия, которую Россия подде́рживала в борьбе за свою незави́симость.

Грузия думает, что СНГ можно преврати́ть в межрегиональную организацию, которая в состоянии решать конфликты партнёров в данном регионе.

Мечта́ М. Горбачёва о создании обновлённого Союза Суверенных Государств на основе демократии и равноправия не сбыла́сь. Но Москва не хотела потеря́ть своё влия́ние на бывшие республики Советского Союза. Поэтому Россия с 1997 года стреми́тся заключать двусторонние договоры, например, с Украиной, с Азербайджаном и с Арменией. Сотрудничество с Белоруссией стало в 1997 году особенно интенсивным.

Таким образом, все планы о полной интеграции новых самостоятельных национальных государств с целью образования новой федерации не сбылись. В течение первых пяти лет после образования СНГ вы́яснилось, что развитие шло по другому пути.

подде́рживать unterstützen
незави́симость Unabhängigkeit
преврати́ть *v.* verwandeln
мечта́ Traum
обновлённый erneuert
сбы́ться *v.* in Erfüllung gehen
потеря́ть *v.* verlieren
влия́ние Einfluss
стреми́ться anstreben
вы́ясниться *v.* sich herausstellen
~ 285 слов

Борьба за нефть

борьба́ Kampf
нефть Erdöl

Уже и́здавна добывается нефть в Баку́ на берегу Каспи́йского мо́ря. Сегодня этот регион стал вдруг объектом международного внимания. Почему это так?

До 1991 года Каспийское море почти полностью входи́ло в соста́в Сове́тского Сою́за, и все вопросы о добы́че не́фти решали министерства в Москве́. Ира́н как южная прикаспи́йская страна не имел никаких прав. После распа́да СССР в 1991 году ситуация измени́лась. Бы́вшие союзные республики СССР, в том числе́ Казахста́н, Туркме́ния и Азербайджа́н, стали суверенными незави́симыми государствами. Они считают, что экспорт каспийских энергоресурсов на мирово́й ры́нок поможет им освободиться от многолетней зави́симости от Росси́и и станет для каждого из них важнейшим исто́чником средств для

и́здавна von alters her, seit jeher
входи́ть в соста́в (zu etwas) gehören
добы́ча Förderung
распа́д Zerfall
измени́ться *v.* sich verändern
бы́вший ehemalig
в том числе́ darunter
незави́симый unabhängig
мирово́й ры́нок Weltmarkt
зави́симость Abhängigkeit
исто́чник Quelle

преодоле́ния глубокого социально-экономического кризиса.

Основная проблема заключается в том, как доста́вить нефть и газ Каспийского бассейна на мировые рынки. Уже де́йствует трубопрово́д из Баку через территорию Чече́нской Респу́блики и России до Новоросси́йска (российский порт на Чёрном мо́ре). Это, пожалуй, самый экономичный вариант. Казахстан, Туркмения и Азербайджан заинтересованы в строи́тельстве альтернативной системы трубопроводов, которая обойдёт российскую территорию. Например, с восточного берега Каспийского моря в Баку и дальше через Гру́зию или Ту́рцию до туре́цкого порта на Средизе́мном море Джейха́н. Другие возможные маршруты: из Баку через Иран, или из Туркмении через Афганиста́н или Пакиста́н в пакистанский порт на Инди́йском океа́не. Но на всех маршрутах могут возни́кнуть военные или этнические конфликты в связи с нестабильной политической и экономической обстановкой в данных странах. Эти конфликты осложня́ют сегодня строительство и в будущем безопа́сность трубопроводов.

преодоле́ние Überwindung
доста́вить *v.* liefern
де́йствовать arbeiten, funktionieren
трубопрово́д Rohrleitung
порт Hafen
строи́тельство Bau
обойти́ *v.* umgehen
Средизе́мное мо́ре Mittelmeer
возни́кнуть *v.* entstehen
в связи́ с in Verbindung mit
осложня́ть erschweren
безопа́сность Sicherheit

~ 230 слов

Новые коалиции

Бы́вшие республики Сове́тского Сою́за искали новые пути для решения своих проблем.

Так, например, государства, которые с самого начала скептически относились к Содру́жеству Незави́симых Госуда́рств (Гру́зия, Украи́на, Узбекиста́н, Азербайджа́н, Молда́вия и Туркме́ния) начали создавать свои союзы – без России. Такое разви́тие привело́ к тому, что центральноазиа́тские республики стали всё больше и эффективнее сотрудничать.

Узбекистан и Казахста́н, например, начали вести́ успе́шные перегово́ры с Ира́ном о возможности экспорта хло́пка и не́фти на мировы́е ры́нки через ира́нский порт.

Кавка́зские народы тоже заинтересованы в сотрудничестве с центральноазиатскими стра-

бы́вший ehemalig
Содру́жество Незави́симых Госуда́рств (СНГ) Gemeinschaft Unabhängiger Staaten (GUS)
разви́тие Entwicklung
привести́, *Prät.* привёл, привело́ *v.* führen
вести́ успе́шные перегово́ры erfolgreiche Verhandlungen führen
хло́пок Baumwolle
нефть Erdöl
мирово́й ры́нок Weltmarkt

нами. Совме́стными уси́лиями они хотели построить уча́сток «европейского транспортного коридора». По этому коридору, через территорию Грузии и Ту́рции, будет в будущем транспортироваться каспи́йская нефть в Евро́пу.

По инициативе Турции уже в 80-е годы была создана организация экономического сотрудничества так называ́емой «шестёрки» (Азербайджан, Казахстан, Кирги́зия, Узбекистан, Таджиниста́н, Туркме́ния) и четырёх её соседей (Афганиста́н, Иран, Пакиста́н, Турция). Они собирались осуществля́ть грандиозные региональные проекты в сфере электроэнергетики, транспорта и связи, развития торговых и экономических инфраструктур.

Большую роль начала играть Украина. В свя́зи с борьбо́й Чече́нской Республики за свою полную незави́симость от России возникли проблемы с транспортом нефти от Каспийского моря на запад по чеченской территории. Президенты Г. Али́ев (Азербайджан), Э. Шевардна́дзе (Грузия) и Л. Ку́чма (Украина) догова́ривались о транзите каспийской нефти в Западную Европу через Украину. Такой вариант, конечно, экономически довольно невы́годен, но безопа́снее и надёжнее.

Кроме того, Украина предлагала свою помощь в урегулировании многолетних конфликтов в Нага́рном Караба́хе (между Арменией и Азербайджаном), в Абха́зии (между Грузией, Абхазией и Россией) и в Приднестро́вье (между Молдавией и Россией). Таким образом, Украина начала играть миротвори́тельную роль. Её авторитет возро́с в связи с заключением Соглашения о партнёрстве с Европе́йским соо́бществом.

Последние годы показали, что нала́живается эффективное сотрудничество между Украиной, Азербайджаном, Грузией, Узбекистаном, Туркменией и Казахстаном. У этих стран о́бщие интересы и цели. И никто не боится, что один из них будет командовать другими. Все они, как и другие народы, хотят жить в мире и доста́тке.

совме́стные уси́лия gemeinsame Anstrengungen
уча́сток Abschnitt
так называ́емый so genannt
шестёрка die Sechs
осуществля́ть verwirklichen
в связи́ с in Verbindung mit
борьба́ Kampf
незави́симость Unabhängigkeit
догова́риваться sich einigen, verabreden
невы́годен unvorteilhaft, nicht gewinnbringend
безопа́сный sicher
надёжный zuverlässig
миротвори́тельный Frieden stiftend
возрасти́, *Prät.* возро́с *v.* wachsen
Европе́йское соо́бщество Europäische Gemeinschaft
нала́живаться in Ordnung kommen
о́бщий gemeinsam
доста́ток Wohlstand
~ 310 слов

Страны-члены СНГ

территория население (1996) коренное население в % столица	в составе Российской империи	в составе Советского Союза	государственная независимость СНГ	ресурсы проблемы
Азербайджа́н				
86 600 км^2 7,58 млн. 85,4 % азербайджанцы Баку́	1828 Армянская область России	1918 независимая Азербайджанская республика 1920 советская Азербайджанская республика 1922 в составе ЗСФСР[1] 1922 в составе ЗСФСР[1] в СССР[2] 1936 Азербайджанская ССР[3] в составе СССР[2]	30.08.1991 1993	много нефти, хлопок, цитрусовые фрукты мало осадков, конфликт вокруг Нагорного Карабаха с Арменией

Арме́ния

29 800 км² 3,77 млн. 93,3% армяне Ерева́н	1828 Армянская область России	1918 Независимая Армянская Республика 1920 социалистическая республика 1922 в совтаве ЗСФСР[1] 1922 в составе ЗСФСР[1] в СССР[2] 1936 Армянская ССР[3] в составе СССР[2]	21.09.1991 1991	медь, цинк, драгоценные металлы, фрукты, виноград, овощи мало электроэнергии, часто землетрясения, загрязнение окружающей среды, конфликт вокруг Нагор- ного Карабаха с Азербайджаном

Белору́ссия

207 595 км² 10,3 млн. 77,9 % белорусы Минск	1795	1919 Литовско-Белорусская ССР[3] 1922 Белорусская ССР[3] 1922 в составе СССР[2]	25.08.1991 1991	мало полезных ископае- мых, перерабатывающая про- мышленность, торф, соль, сельское хозяйство экстремальное повреж- дение окружающей среды после аварии в Черно́- быле

Гру́зия				
69 700 км^2 5,4 млн. 71,7 % грузины Тбили́си	1801	1917 независимая Грузия 1921 советская Грузинская республика 1922 в составе ЗСФСР[1] 1922 в составе ЗСФСР[1] в СССР[2] 1936 Грузинская ССР[3] в составе СССР[2]	09.04.1991 1993	чай, цитрусовые фрукты, развитое сельское хозяйство, цветные металлы импорт энергии, национальные конфликты (Абха́зия, Се́верная Осе́тия, Аджа́рия)
Казахста́н				
2,7 млн. км^2 16,47 млн. 44,3 % казахи Алма́-Ата́ (Алма́ты – с 1993 г.) Астана́ (с 1998 г.)	в XIX веке	1918 автономное государство «Алаш Орда» 1920 Киргизская АССР[4] в составе РСФСР[5] 1925 Казахская АССР[4] в составе РСФСР[5] 1936 Казахская ССР[3] в составе СССР[2]	16.12.1991 1991	нефть, газ, уголь, редкие металлы, сельское хозяйство (пшеница), большой военный потенциал много национальных меньшинств, 18 млн. гектаров пострадало от ядерных испытаний

Кирги́зия

198 500 км^2 4,57 млн. 56,5 % киргизы Бишке́к	1876 Туркестанская генерал-губер-ния	1918 в составе Туркестанской АССР[4] в составе РСФСР[5] 1924 Кара-Киргизская автономная область в составе РСФСР[5] 1936 Киргизская ССР[3] в составе СССР[2]	31.08.1991 1991	ртуть, овцеводство, хлопок мало воды

Молда́вия

33 700 км^2 4,33 млн. 64,5 % молдаване Кишинёв	Российская империя присое-диняет в 1812 году румынское княжество Бессарабия (Молдавия)	1918 независимость и воссоединение с Румынией 1924 Молдавская АССР[4] в составе Украинской ССР[3] 1940 Молдавская ССР[3] в составе СССР[2]	27.08.1991 1993	развитое сельское хозяй-ство, овощи, фрукты, виноград, мало полезных ископае-мых конфликты в Приднестро-вье и с национальными меньшинствами из-за стремлений за воссоеди-нение с Румынией

Росси́я (Росси́йская Федера́ция)

17 млн. км² 147,74 млн. 81,5 % русские Москва́	IX – XIII век Киевская Русь XV – XVII век Московская Русь XVIII – XX век Российская империя	1918 Российская Советская Федеративная Социалистическая Республика 1922 в составе СССР[2]	12.06.1990 1991	очень много полезных ископаемых: уголь, нефть, природный газ, железная руда, … большой промышленный и военный потенциал проблемы с загрязнённостью окружающей среды, проблемы с многонациональным населением, стремление к ведущей роли в СНГ

Таджикиста́н

143 100 км² 5,93 млн. 62,3 % таджики Душанбе́	1867 Туркестанская генерал-губерния	1918 северная часть Таджикистана – в составе Туркестанской АССР[4]; южная часть в составе самостоятельного Бухарского Эмирата 1924 Таджикская АССР[3] в составе Узбекской ССР[3] 1929 Таджикская ССР[3] в составе СССР[2]	09.09.1991 1991	алюминий, хлопок, Нурекская ГЭС залежи угля, газа, золота, серебра не добываются, сельскохозяйственные продукты импортируются, большой прирост населения, проблемы из-за экономического кризиса

Туркмéния

488 100 км^2 4,6 млн. 73,3 % туркмены Ашхабáд	1881 Закаспийская область	с 1918 борьба за независимость 1921 Туркменская автономная область в составе Туркестанской АССР[4] 1925 Туркменская ССР[3] в составе СССР[2]	27.10.1991 1991	много нефти и газа, мало промышленности интенсивное хлопководство

Узбекистáн

447 400 км^2 23,22 млн. 73,7 % узбеки Ташкéнт	1867 Туркестанская генерал-губерния	1920 Туркестанская АССР[4] в составе РСФСР[5] 1924 Узбекская ССР[3] в составе СССР[2]	31.08.1991 1991	много полезных ископаемых: природный газ, уголь, нефть, цветные металлы, ..., хлопок мало воды для орошения, проблемы с Аральским морем, со здоровьем населения, нерешённые проблемы на границе с Казахстаном

Украи́на

603 700 $км^2$ 50,72 млн. 72,8 % украинцы Ки́ев	1795	1918 независимая Украина 1921 Украинская ССР[3] 1922 в составе СССР[2]	24.08.1991 1991	уголь, железная и марганцевая руда, цветные металлы, золото, развитая промышленность, большой военный потенциал, развитое сельское хозяйство – житница проблемы с русским населением, с последствиями аварии в Черно́быле

[1] ЗСФСР – Закавказская Социалистическая Федеративная Советская Республика
[2] СССР – Союз Советских Социалистических Республик
[3] ССР – Советская Социалистическая Республика
[4] АССР – Автономная Советская Социалистическая Республика
[5] РСФСР – Российская Советская Федеративная Социалистическая Республика

Основные даты истории России

3000 лет до нашей эры	первые родовые общины на территории России
IX – XIII век	Киевская Русь
988	принятие христианства
1147	первое упоминание о Москве в летописи
начало XIII века	Чингисхан начинает завоёвывать Среднюю Азию и Закавказье
1236–1240	хан Батый (внук Чингисхана) завоёвывает Русь и образует монголо-татарское государство
XIII – XV век	монголо-татарское государство Золотая Орда
1380	Куликовская битва на берегу реки Дон: первая победа русских войск (Дмитрий Донской) над татарами
1480	окончательное освобождение от монголо-татарской зависимости
1497	«Судебник» Ивана III (1440–1505) – начало закрепощения крестьян
XV – XVII век	Московская Русь
1547 – 1584	царствование Ивана IV (1530–1584), первого царя Московской Руси
1552, 1556	присоединение Казанского ханства и Астраханского ханства к Московской Руси: эти самостоятельные ханства образовались после распада Золотой Орды
XVIII – XX век	Российская империя
1613 – 1645	царствование Михаила Фёдоровича Романова (1596–1645) – первого царя династии Романовых
1649	«Соборное уложение» Алексея Михайловича Романова (1629–1676) – окончательное закрепощение крестьян
1654	часть Украины входит в состав России
1682/1689 – 1725	царствование Петра I (1672–1725), с 1721 г. – император Пётр I Великий
1700 – 1721	Северная война России со Швецией и присоединение Прибалтики
1703	основание Петербурга
1708	Пётр I проводит реформы во всех областях государственной жизни, он создаёт централизованный аппарат и образует в России сначала 8 губерний, позже 20
1762 – 1796	царствование Екатерины II (1729–1796)
1768 – 1774	Русско-турецкая война: присоединение северного побережья Чёрного моря
1775	губернская реформа Екатерины II: в России 51 губерния

1795	большие части Белоруссии, Украины, Молдавии и Прибалтики входят в состав России
1801	Грузия входит в состав России
1812	после войны с Турцией (1806–1812) присоединяет Россия румынское княжество Бессарабия (Молдавия)
1812	война России с Францией: Отечественная война с Наполеоном
1825	восстание декабристов в Петербурге
1828	мирный договор между Россией и Ираном о регулировании границы; Россия присоединяет часть Азербайджана и другие территории Кавказа и образует в составе России Армянскую область
1861	отмена крепостного права в России
1864	окончательное присоединение Россией территорий кавказских народов после длительной войны в Чечне и в Дагестане
1853	начало систематического завоевания Средней Азии
1867	образование Туркестанской генерал-губернии (территория Узбекистана)
1876	присоединение Кокандского ханства (территория Туркмении и часть Узбекистана)
1881	окончательное завоевание туркменской территории – образование Закаспийской области
1906	после революции 1905 г. выборы в I Государственную думу и начало аграрной реформы П. А. Столыпина (1862–1911)
1914	начало первой мировой войны
1917	Октябрьская революция большевиков
1870 – 1924	В. И. Ленин (Ульянов)
1878 – 1953	И. В. Сталин (Джугашвили)
1918 – 1922	годы Гражданской войны в России и образование Советских Социалистических Республик
1922	Грузия, Армения и Азербайджан образуют под давлением И. В. Сталина Закавказскую Социалистическую Федеративную Советскую Республику (ЗСФСР)
1922	Образование Союза Советских Социалистических Республик
1925	начало индустриализации: строительство крупных предприятий тяжёлой промышленности
30-е годы	начало коллективизации сельского хозяйства: образование колхозов для совместной обработки земли
1934	убийство С. М. Кирова (1886–1934) и начало массовых репрессий против «врагов народа»
1939	Договор о ненападении между Гитлером (1889–1945) и Сталиным определяет сферы влияния двух великих держав
1939	начало второй мировой войны
1940	Прибалтика, Молдавия и восточная часть Польши входят в состав СССР

1941 – 1945	Великая Отечественная война Советского Союза против фашистской Германии
1985	начало «перестройки» в Советском Союзе при М. С. Горбачёве (род. 1931)
12.06.1990	Российская Федерация (Россия) объявляет свой суверенитет
1991	союзные и автономные республики объявляют свою независимость
21.12.1991	образование Содружества Независимых Государств (СНГ)
25.12.1991	Союз Советских Социалистических Республик (СССР) прекращает своё существование

Literaturverzeichnis

Алексеев Ю. Г. Государь всея Руси. – Новосибирск: Наука, 1991.
Андрианов Б. На великой Русской равнине. – Москва: Русский язык, 1984. – С. 12–13.
Богучаны, адрес жизнестойкости: Беседа Александра Мишарина с президентом АО «БОГУЧАНГЭССТРОЙ». – НОВАЯ РОССИЯ. – 1997. – № 2. – С. 13–17.
Бондарев В., Устименко С. Кто хозяин в нашем доме... – Родина. Российский исторический журнал. – 1997. – № 12. – С. 10–17.
Бородай А. Казахстан. Реформы на вымирание? – НОВАЯ РОССИЯ. – 1997. – № 3. – С. 101–107.
Большой энциклопедический словарь. – Москва: Большая Российская энциклопедия, 1997.
Летние дети. – ВЕК. – 1997. – № 28 (245). – С. 10.
Знакомьтесь: РСФСР. – Москва: Русский язык, 1982. – С. 136.
Кан Г. В. История Казахстана. – Алматы: Казинтерграф, 1997.
Куклин В. Казахи и казаки. – Россия. – 1994. – № 28. – С. 5.
Никитина Е. Сколько стоит прокормиться один день в России. – Аргументы и факты. – 1996. – № 33. – С. 12.
Республика Казахстан. Информационный паспорт. – Алматы, 1996. – С. 10.
Россия мультимедия: CD ROM. – Москва: РИА Новости, 1996.
Соколова З. На просторах Сибири. – Москва: Русский язык, 1981.
Сыров С. Н. Страницы истории. – Москва: Русский язык, 1986.

Alexandrowa, O., Timmermann, H.: Integration und Desintegration in den Beziehungen Deutschland – Belarus´ – GUS. – In: Osteuropa: Zeitschrift für Gegenwartsfragen des Ostens. – 1997. – Nr. 10/11. – S. 1022–1037.
Brockhaus Enzyklopädie in 24 Bänden. – Neunzehnte, völlig neu bearbeitete Auflage. – Mannheim: F. A. Brockhaus, 1992.
Der Fischer Weltalmanach ‘99. – Frankfurt: Fischer Taschenbuch, 1998.
Gemeinschaft unabhängiger Staaten. – In: Informationen zur politischen Bildung Nr. 249. // Hrsg. von der Bundeszentrale für politische Bildung. – Bonn, 1995.
Götz, R., Halbach, U. Politisches Lexikon GUS. – München: Beck, 1996.
Hösch, E., Grabmüller, H.-J. Daten der russischen Geschichte: Von den Anfängen bis 1917. – München: Deutscher Taschenbuch Verlag, 1981.
Hösch, E., Grabmüller, H.-J. Daten der sowjetischen Geschichte: Von 1917 bis zur Gegenwart. – München: Deutscher Taschenbuch Verlag, 1981.
Gröper, K. J. Die Geschichte der Kosaken: Wilder Osten 1500–1700. – München: Bertelsmann Verlag, 1976.
Mark, R. A. Die Völker der ehemaligen Sowjetunion. – Opladen: Westdeutscher Verlag, 1992.
Michalowski, B. Stichwort Rußland. – München: Wilhelm Heyne Verlag, 1993.
Stökl, G. Russische Geschichte. – Stuttgart: Alfred Kröner Verlag, 1983.
Stökl, G. Russische Geschichte von den Anfängen bis zur Gegenwart. – Stuttgart: Alfred Kröner Verlag, 1990.
Syrow, S. Blätter der Geschichte. – Düsseldorf: Brücken Verlag, 1986.
Wassmund, H. Die gescheiterte Utopie: Aufstieg und Fall der UdSSR. – München: Beck, 1993.
Wende, D. Im Wilden Feld: Aus der Geschichte der Kosaken. – Berlin: Verlag der Nation, 1988.

Bildnachweis

Archiv VWV: S. 9, 30, 36.
RIA NOWOSTI: S. 5, 6, 8, 14, 17, 19, 21, 22, 23, 25, 27, 29, 33, 44, 45, 48.

Karten
S. 11: Карты: История СССР. 4-ый класс. – Учпедгиз, 1963. – С. 4.
S. 34: РОДИНА. – 1997. – № 12. – С. 13.
S. 39: Экономическая география СССР: Учебник для 8 класса. – Москва, 1982. – С. 158.
2.und 3. Umschlagseite: История СССР: Краткий курс. Учебник для 4 класса. – Москва, 1946.